Zeitensegel

Von Frank Kralemann

Buchbeschreibung:

Liebe Leserinnen und Leser,

Du hältst nun ein kleines Buch in den Händen, doch seine Seiten bergen die Weite eines Ozeans. „Zeitensegel" ist eine Sammlung von Momenten, die wie Wind in dein Leben wehen – mal sanft, mal stürmisch, mal voller Sehnsucht, mal getränkt in stille Melancholie. Diese Gedichte sind wie die Wellen des Alltags, die an dein Herz schlagen, manchmal kaum spürbar, manchmal mit der Wucht einer unerwarteten Erkenntnis.

In diesen Zeilen findest du die Poesie des Alltags – die unscheinbaren Augenblicke, die wie vergessene Perlen am Wegesrand liegen. Doch auch die Liebe hat ihren Platz zwischen den Zeilen: jene Liebe, die wie ein leises

Flüstern in der Nacht das Herz umschmei-
chelt und wie ein feuriger Funke in dunklen
Stunden erleuchtet.

Über den Autor:

Frank Kralemann hat schon einige Bücher
geschrieben. Seine Leidenschaft ist die
Poesie. Frank Kralemann lebt am Teutoburger
Wald und ist Vater und Großvater.

Zeitensegel

Poesie des Alltags

von Frank Kralemann

1. Auflage, 2024 Frank Kralemann

© 2024 Alle Rechte vorbehalten.

Verlag: BoD • Books on Demand GmbH, In de Tarpen 42, 22848 Norderstedt

Druck: Libri Plureos GmbH, Friedensallee 273, 22763 Hamburg

ISBN: 978-3-7597-2089-4

Inhaltsverzeichnis

Einleitung

Liebe Leserinnen und Leser,

Du hältst nun ein kleines Buch in den Händen, doch seine Seiten bergen die Weite eines Ozeans. „Zeitensegel" ist eine Sammlung von Momenten, die wie Wind in dein Leben wehen – mal sanft, mal stürmisch, mal voller Sehnsucht, mal getränkt in stille Melancholie. Diese Gedichte sind wie die Wellen des Alltags, die an dein Herz schlagen, manchmal kaum spürbar, manchmal mit der Wucht einer unerwarteten Erkenntnis.

In diesen Zeilen findest du die Poesie des Alltags – die unscheinbaren Augenblicke, die wie vergessene Perlen am Wegesrand liegen. Doch auch die Liebe hat ihren Platz zwischen den Zeilen: jene Liebe, die wie ein leises Flüstern in der Nacht das Herz umschmeichelt und wie ein feuriger Funke in dunklen Stunden erleuchtet. Sie spiegelt sich in den vertrauten Blicken, den zärtlichen Berührungen und den unausgesprochenen Worten, die zwischen zwei Menschen in der Luft schweben.

Lass dich von diesen Gedichten tragen, wie ein Segel, das von einem sanften Wind erfasst wird. Segle durch die Zeiten deines Lebens, halte inne, lausche dem Rhythmus der Verse und finde darin vielleicht ein Stück deiner eigenen Geschichte. Mögen die Worte in dir widerhallen und dein Herz berühren – egal, ob du nun als Mann oder Frau diese Reise antrittst.

Komm, lass uns gemeinsam die Zeitensegel setzen und den Horizont der Poesie erkunden.

Meine Gedichte

Meine Gedichte sind keine Bonbons
  für jeden Geschmack

Sie sind keine Straßenschilder
  die jeder lesen kann

Meine Gedichte sind keine Schaufenster
  in die man nur hineinschauen muss

Sie sind keine Fertiggerichte
  die man nur aufwärmen muss

Meine Gedichte sind Schlüssel
  für Türen, die du noch nicht kennst

Sie sind Spiegel
  in denen du dich neu entdeckst

Meine Gedichte sind Fragen
  die keine einfachen Antworten haben

Sie sind Wege

die du selbst gehen musst

Meine Gedichte sind für dich
    wenn du bereit bist zu stolpern
    zu zweifeln
    zu suchen
    zu finden

Sie sind für dich
    wenn du verstehen willst
    was zwischen den Zeilen steht
    was hinter den Worten liegt
    was im Schweigen wohnt

Meine Gedichte sind nicht für alle
    aber vielleicht sind sie für dich

Alltags-Wunder

In der Routine des Morgens
    liegt verborgene Poesie:
    Der Tanz des Lichts auf dem Wasserglas,
    die Symphonie der Kaffeemaschine.

Bewusst atmen wir ein

den Duft des Augenblicks.
Jeder Schritt auf dem Weg zur Arbeit
ein kleines Wunder der Existenz.

Die Welt flüstert ihre Geheimnisse
in das Ohr des Achtsamen.
Selbst im Staub auf dem Fensterbrett
spiegelt sich das Universum.

Wer wahrnimmt, der lebt zweimal:
Einmal im Sein, einmal im Begreifen.
Das Wunder des Daseins enthüllt sich
in der Stille zwischen zwei Gedanken.

Doch plötzlich, mitten im Staunen,
fällt dir auf: Du hast vergessen,
die Haustür abzuschließen.
Und das Leben lacht leise.

Kosmisches Mosaik

Im Tanz der Galaxien, in Sternenstaub und Leere,
pulsiert ein zartes Licht:
Das Wunder unseres Seins.

Atome, einst in Sonnen geschmiedet,
   nun in unseren Adern fließend.
   Wir sind der Kosmos, der sich selbst betrachtet,
   durch Augen aus Sternenstaub gemacht.

Vielfalt in scheinbarer Kälte:
   Ein Grashalm, ein Gedanke, eine Galaxie -
   alles aus demselben Stoff gewoben,
   ein kosmisches Mosaik.

In der Stille zwischen Herzschlägen
   hören wir das Echo des Urknalls.
   In jedem Atemzug die Geschichte des Universums.

Getrennt scheinen wir,
   doch sind wir eins im Sein.
   Das kalte All - eine Illusion;
   wir sind seine warmblütige Seele.

Vom Quark bis zum Quasar,
   vom Neuron zur Supernova:
   Ein Bewusstsein, das sich entfaltet,
   in unendlichen Variationen des Einen.

So stehen wir hier,
   Zeugen und Teilhaber zugleich,
   des größten Wunders:
   Dass überhaupt etwas ist und nicht nichts.

Einheit in der Vielfalt

Sterne und Staub
  Berge und Meere
  Du und ich
  Alles aus demselben Stoff gemacht

In der Kälte des Alls
  ein warmer Herzschlag
  Zellen teilen sich
  Gedanken formen sich

Wir sind getrennt
  und doch verbunden
  durch unsichtbare Fäden
  die das Universum weben

In jedem Atom
  schwingt das Ganze
  In jedem Moment
  spiegelt sich die Ewigkeit

Leben blüht
  wo es nicht sein sollte

trotzt der Leere
feiert das Sein

Wir sind viele
und doch eins
Einsamkeit ist Illusion
wie die Trennung selbst

Im Tropfen Wasser
das ganze Meer
Im Menschen
das ganze Universum

Und doch
sind wir nur Gäste hier
vorübergehende Formen
im ewigen Tanz der Materie

Verborgene Wunder

Zwischen Zahnpastatube und Kaffeelöffel
lauert das Unerwartete.
Im Ticken der Büro-Uhr
versteckt sich ein geheimer Rhythmus.

„Nur Routine", sagt der Verstand,
  „nichts als öde Pflicht."
  „Schau genauer hin", flüstert die Fantasie,
  „siehst du den Glanz im Gewöhnlichen?"

In Pfützen spiegeln sich Welten,
  Wolken formen flüchtige Skulpturen.
  Auf dem Heimweg tanzen Schatten
  einen stummen, wilden Tanz.

„Unsinn", knurrt die Vernunft,
  „das ist bloße Einbildung."
  „Oder Magie", haucht das Kind in uns,
  „versteckt in plain sight."

Plötzlich blinzelt die Sonne,
  und für einen Atemzug lang
  verwandelt sich die Straße
  in einen Pfad aus flüssigem Gold.

Alltag oder Wunderland?
  Vielleicht ist es beides zugleich,
  eine Frage der Perspektive,
  ein Spiel von Licht und Schatten.

Und während wir zweifeln und staunen,
  öffnet sich unbemerkt eine Tür
  zu einer Welt voller Möglichkeiten,
  wo selbst Briefkästen Geschichten flüstern.

Zeitfluss

Die Zeit, ein unsichtbarer Strom,
    fließt unaufhaltsam, lautlos.
    Sie formt Canyons aus Erinnerungen,
    schleift Kanten unserer Träume glatt.

„Keine Zeit!", rufen wir hektisch,
    als könnten wir sie festhalten.
    „Zeit ist Geld", sagen die Uhren,
    ticken mahnend an den Wänden.

Doch was, wenn Zeit kein Konto wäre,
    sondern ein Geschenk?
    Nicht zu sparen, nur zu leben,
    Moment um kostbaren Moment?

„Unmöglich", seufzt der Alltag müde,
    „wir sind Gefangene der Pflicht."
    „Aber Gefängniswärter unserer selbst",
    flüstert die Weisheit leise.

Die Zeit verrinnt wie Sand,
    ob wir sie nun zählen oder nicht.

Sie ist Fluch und Segen zugleich,
gnadenlos und gnädig.

Lasst uns Zeit verschwenden,
auf Dinge, die keine Uhr misst:
Auf Lachen, Lieben, Staunen,
auf das Sein im Hier und Jetzt.

Denn am Ende zählt nicht,
wie viel Zeit wir hatten,
sondern wie viel Leben
wir in unsere Zeit gepresst.

Und vielleicht, ganz vielleicht,
wenn wir aufhören sie zu jagen,
wird die Zeit zu unserer Verbündeten,
und schenkt uns die Ewigkeit im Augenblick.

Traumfänger

Träume, zarte Gespinste der Nacht,
flattern durch die Kammern des Geistes.
Flüchtig wie Morgennebel,
mächtig wie unterirdische Ströme.

„Nur Schäume des Schlafs",
    murmelt der Zweifler müde.
„Oder Samen der Zukunft",
    flüstert der Visionär.

Sie kommen ungerufen,
    gehen ungebeten.
Malen Bilder in unser Sein,
    die wir im Wachen kaum zu deuten wagen.

„Verschwendete Zeit",
    gähnt die Vernunft gelangweilt.
„Oder verborgene Weisheit",
    kontert die Intuition sanft.

Träume sind Briefe an uns selbst,
    geschrieben in einer Sprache,
    die wir verlernt haben zu lesen,
    aber nie aufgehört haben zu verstehen.

Lasst uns Traumfänger werden,
    nicht um sie einzusperren,
    sondern um sie zu befreien,
    in die Wirklichkeit unseres Tuns.

Denn wer seine Träume lebt,
    wacht nie wieder auf,
    sondern wandelt fortan
    in einem Reich grenzenloser Möglichkeiten.

Und vielleicht sind unsere kühnsten Träume
    nur blasse Schatten dessen,
    was wir zu sein vermögen,
    wenn wir den Mut haben, sie zu leben.

Das Jetzt

Gestern ist Schatten
    Morgen nur Traum
    Heute ist Leben
    Hier in diesem Raum

Sorgen sind Wolken
    Freude ist Licht
    Das Jetzt ist der Moment
    Der durch alles bricht

Atme die Stille
    Höre den Wind
    Fühle dein Herz
    Sei wie ein Kind

Glück ist kein Ziel
    Kein fernes Gestirn
    Es wohnt in der Stille

Zwischen Atem und Hirn

Das Jetzt ist ein Geschenk
    Kostbar und klein
    Öffne es sanft
    Und du wirst ewig sein

Schneefall

Weiß ist Stille
    Schwarz ist Lärm
    Schnee fällt leise
    Deckt die Welt warm

Hart ist der Frost
    Weich sind die Flocken
    Kälte beißt
    Schnee will uns locken

Spuren vergehen
    Neues entsteht
    Zeit steht still
    Wenn Schnee sich dreht

Tod scheint nah

Leben verborgen
Doch unter der Decke
Keimt schon das Morgen

Schattenspiel

Licht wirft Schatten
   Dunkel braucht Hell
   Tag kennt die Nacht
   Langsam und schnell

Schatten sind stumm
   Worte sind laut
   Stille erzählt
   Was niemand sich traut

Angst liebt den Schatten
   Mut tritt hervor
   Doch im Verborgenen
   Öffnet sich manch Tor

Schatten verfolgen
   Weichen nie ganz
   Leben ist Wechsel
   Ein ewiger Tanz

Wo Schatten sind
   Ist Licht nicht weit
   Im Dunkel wächst
   Neue Helligkeit

Schnee ist Vergänglichkeit
   Flüchtig und rein
   Schmilzt er dahin
   Lässt uns neu sein

Das Herz

Stark und zerbrechlich
   Laut und leise
   Feurig und kühl

Es schlägt im Takt
   Doch tanzt aus der Reihe

Pumpt Leben
   Trägt Narben

Mal Festung

Mal offenes Buch

Es kennt Freude und Schmerz
   Liebe und Verlust

Ein Muskel nur
   Doch Sitz der Seele

Es kann brechen
   Und heilen

Selbst verletzt
   Wächst es weiter

Denn in jedem Schlag
   Flüstert es:
   Ich lebe

Himmel und Hölle

Oben und unten
   Licht und Schatten
   Wolken und Flammen

Engel singen

Dämonen brüllen

Paradies lockt
   Abgrund droht

Seelen steigen auf
   Andere fallen tief

Ewige Ruhe
   Endlose Qual

Himmlische Sphären
   Höllische Kreise

Gott thront
   Satan lauert

Doch zwischen den Welten
   Liegt das Leben

Wo Himmel und Hölle
   Sich täglich begegnen

In jedem Herzen
   Ein Funke Hoffnung

Angst

Lähmend und treibend
   Flüsternd und schreiend
   Dunkel und grell

Sie kriecht unter die Haut
   Raubt den Atem

Lässt Herzen rasen
   Gedanken kreisen

Ein Schatten im Licht
   Ein Sturm in der Stille

Sie baut Mauern
   Gräbt Abgründe

Manchmal ein Riese
   Oft nur ein Zwerg

Sie warnt vor Gefahren
   Und schafft sie selbst

Doch wer ihr ins Auge blickt
  Entdeckt ihre Schwäche

Denn hinter der Angst
  Wartet immer der Mut

Die Macht der Gewohnheit

Vertraut und tückisch
  Tröstend und erdrückend
  Sicher und lähmend

Sie schleicht sich ein
  Nistet sich fest

Baut Brücken
  Gräbt Furchen

Ein Tanz im Schlaf
  Ein Lied ohne Ton

Sie formt den Alltag
  Prägt das Leben

Manchmal Anker

Oft Kette

Sie schenkt Struktur
    Raubt Abenteuer

Doch wer sie hinterfragt
    Entdeckt neue Wege

Denn in jeder Gewohnheit
    Schlummert die Chance auf Wandel

Übergewicht

Schwer und leicht
    Sichtbar und unsichtbar
    Last und Schutz

Es drückt auf Gelenke
    Belastet das Herz

Gesellschaft urteilt
    Kleider spannen

Ein Kampf mit der Waage
    Ein Tanz mit Kalorien

Es nährt und erstickt
  Tröstet und quält

Manchmal Panzer
  Oft Gefängnis

Es erzählt Geschichten
  Von Genen und Gewohnheiten

Doch wer tiefer blickt
  Sieht mehr als Zahlen

Denn hinter jedem Kilo
  Steckt ein ganzer Mensch

Würdig der Liebe
  Genau so wie er ist

Diäten

Hoffnung und Frust
  Disziplin und Versuchung
  Verzicht und Gewinn

Sie versprechen Wunder
　Fordern Opfer

Zählen Kalorien
　Wiegen Gramme

Ein Tanz auf der Waage
　Ein Kampf mit dem Spiegel

Sie wecken Ehrgeiz
　Nähren Zweifel

Manchmal Befreiung
　Oft Gefängnis

Sie formen den Körper
　Testen den Willen

Doch wer genau hinhört
　Vernimmt eine Wahrheit

Denn hinter jeder Diät
　Wartet das wahre Ich

Wertvoll und schön
　Mit und ohne Pfunde

Regentage im Herbst

Grau und bunt
  Nass und trocken
  Melancholie und Gemütlichkeit

Tropfen trommeln
  Blätter tanzen

Wolken hängen tief
  Pfützen spiegeln Himmel

Ein Konzert auf Dächern
  Eine Symphonie in Rinnen

Sie waschen Farben
  Malen Nebel

Manchmal Tristesse
  Oft Zauber

Sie zwingen zur Pause
  Laden zum Träumen

Doch wer genau hinsieht

Entdeckt verborgene Schönheit

Denn in jedem Regentropfen
Glitzert ein Stück Regenbogen

Goldener Abschied

Feuerrot und sonnengelb Tanzen Blätter ihren letzten Walzer
Der Wind - ihr stummer Partner

Kahle Äcker ruhen müde
Ihre Ernte längst gegeben
Stoppeln starren in den Himmel

Nebel schleicht auf leisen Sohlen
Hüllt die Welt in zartes Grau
Grenzen lösen sich im Nichts

Des Sommers Lied verklingt Ein letzter süßer Ton
Bevor der Winter Einzug hält

Doch in der Stille des Verfalls
Keimt schon die neue Saat

Das ewige Rad dreht sich fort

Die Kunst der Liebe

Zwischen den Zeilen deiner Haut
lese ich Geschichten ungesagt
Worte zerbrechen an der Stille
unserer verschlungenen Hände

Liebe, du zerbrechliches Gespinst
aus Hoffnung und Verzweiflung gewebt
Wir tanzen auf dem Seil der Zeit
über Abgründe des Schweigens

In deinen Augen spiegelt sich
eine Welt, die wir nicht kennen
Grenzen verschwimmen, lösen sich auf
wir fallen ins Bodenlose, frei

Lieben heißt, sich selbst verlieren
und im Anderen wiederfinden
Ein ewiges Spiel von Nähe und Ferne
das uns formt und neu erschafft

So lass uns diese Kunst erlernen
mit jedem Atemzug, jeder Berührung
Bis wir verstehen: Liebe ist
nicht Besitz, sondern Freiheit

Echos der Ewigkeit

Die Zeit rollt heran
Welle um Welle
Spült unsere Spuren fort

Doch in der Brandung
Flüstert die Ewigkeit
Unser Name bleibt

Was wir waren
Was wir sind
Was wir sein werden

Alles fließt zusammen
Im großen Meer des Seins
Unendlich und endlich zugleich

Wir treiben
Auf den Wogen der Zeit

Und hören das Echo

Unserer eigenen Stimmen
   Aus der Tiefe der Ewigkeit
   Fragend antwortend schweigend

Wogen der Zeit

Horch, wie die Stunden rauschen,
   Gezeiten der Ewigkeit.
   Wir stehen am Ufer und lauschen
   Dem Flüstern der Unendlichkeit.

Was uns bewegt, was wir erstreben,
   Versinkt im Meer der großen Ruh'.
   Doch aus den Tiefen steigt das Leben,
   Trägt alte Träume uns neu zu.

O Seele, lerne still zu schweben
   Im Auf und Ab der Zeitlichkeit.
   In dir ist alles aufgehoben,
   Ein Spiegel der Unendlichkeit.

So lass die Wellen dich umspülen,
   Nimm auf das Echo ferner Zeit.
   Im Jetzt kannst du die Ewigkeit fühlen,

Im Augenblick Unendlichkeit.

Freiheit und Schicksal

Das Schicksal webt seinen Teppich
Wir sind die Fäden darin gefangen oder frei?
Wer bestimmt die Muster unseres Lebens?
Sind wir Marionetten oder Tänzer?

Vielleicht ist Freiheit nicht die Abwesenheit von Fesseln
Sondern der Mut sie zu tragen mit Würde und Anmut.

Vielleicht ist das Schicksal kein Käfig sondern eine Bühne auf der wir unsere Rolle wählen können.

Wahre Freiheit liegt vielleicht darin zu erkennen dass wir nicht alles kontrollieren können und trotzdem jeden Tag aufzustehen und zu leben als ob wir es könnten.

Das Schicksal mag die Karten austeilen aber wir entscheiden wie wir sie spielen. Und darin liegt unsere wahre Freiheit.

Winterwald

Kristallene Stille hängt zwischen kahlen Ästen.
Schnee knirscht unter Schritten, jeder ein Aufschrei in der Leere.
Gedanken wandern, verlieren sich im Weiß.
Was bleibt von uns, wenn alles schmilzt?
Der Wald flüstert Geheimnisse, die nur der Winter versteht.
In der Kälte brennt etwas, ein Funke Ewigkeit.
Zwischen Schatten und Licht verschwimmen die Grenzen.
Sind wir noch wir selbst oder schon Teil des Waldes?
Ein Rabe krächzt, zerreißt den Zauber.
Die Welt erwacht, doch wir bleiben im Traum.

Herbstgesang

Die Blätter fallen, fallen wie von fern, als welkten in den Himmeln ferne Gärten.

Sie fallen mit verneinender Gebärde.

Und in den Nächten fällt die schwere Erde aus allen Sternen in die Einsamkeit.

Wir alle fallen. Diese Hand da fällt. Und sieh dir andre an: Es ist in allen.

Und doch ist Einer, welcher dieses Fallen unendlich sanft in seinen Händen hält.

In goldnen Stunden flüstert noch das Jahr von Sommers Fülle, die nun langsam schwindet.

Der Wind streift zärtlich durch das müde Haar der alten Bäume, die sich neigen, beugen, als wollten sie dem Wandel stumm sich zeugen.

Im Fallen liegt ein seltsam stilles Finden.

Leere Herzen

In den Straßen der Stadt, wo Neonlichter flackern wie sterbende Hoffnungen, suchen wir nach Liebe.

Unsere Hände greifen ins Leere.

Worte fallen wie Asche von unseren Lippen, ungehört, ungeliebt.

Wir sind Schatten, die durch die Nacht huschen.

Die Uhr tickt unbarmherzig, zählt die Sekunden unserer Einsamkeit.

Jeder Herzschlag ein Echo in den leeren Räumen unserer Brust.

Liebe, du bist ein Phantom, das uns narrt mit flüchtigen Berührungen. Wir jagen dir nach durch endlose Korridore, nur um uns selbst zu finden.

In Spiegeln sehen wir Fremde, die uns anstarren mit hungrigen Augen.

Wer sind wir? Fragmente eines zerbrochenen Traums.

Die Stadt verschlingt uns, spuckt uns aus als hohle Hüllen. Wir taumeln weiter, gefangen im Kreislauf der Sehnsucht.

Liebe, du bist ein Versprechen, das niemand hält. Wir verbrennen in deinem Namen, zu Asche, die der Wind verweht.

Und doch – in der tiefsten Dunkelheit flüstert etwas in uns: Weiter. Suche weiter.

Drei Arten von Sein

Das gelebte Sein

Jetzt
  Hier
  Atmend
  Fühlend

Sehend
Hörend
Tastend
Schmeckend
Riechend
Lebend
Sterbend
Jetzt

Der Moment
Eine Ewigkeit
In einem Augenblick
Komprimiert

Das vorgestellte Sein

Morgen
Vielleicht
Hoffend
Fürchtend
Planend
Träumend
Sehnend
Bangend
Wünschend
Erwartend
Fliehend
Morgen

Die Zukunft

Ein Luftschloss
Auf Wolken gebaut

Das erinnerte Sein

Gestern
  Damals
  Lächelnd
  Weinend
  Verklärend
  Idealisierend
  Verdammend
  Vermissend
  Vergessend
  Wiederholend
  Gestern

Die Vergangenheit
  Ein Spiegel
  Der nie die Wahrheit zeigt

Drei Arten von Sein
  Drei Illusionen
  Eine Wirklichkeit:
  Das ewige Jetzt

Stille Wunde

In den Schatten der Nacht
    Wächst die Einsamkeit
    Wie eine giftige Blume

Worte verhallen ungehört
    An den Wänden meines Schweigens
    Echo los

Die Zeit tropft langsam
    Von der Decke meiner Existenz
    Jede Sekunde ein Schnitt

Zwischen den Zeilen des Lebens
    Lese ich meine Verlassenheit
    Ein Buch ohne Ende

Der Spiegel zeigt nur Leere
    Wo einst ein Ich war
    Nun zersplittert

In der Ferne ein Licht
    Unerreichbar wie ein Stern
    Erlischt es im Morgengrauen

Und ich bleibe
  Eine offene Frage
   An eine stumme Welt

Aus dem Nichts

Form und Norm
  aus dem Formlosen geboren
  Das Sein
  aus dem Nichtsein erwacht

Was war vor dem Anfang?
  Eine Frage
  die sich selbst verschlingt

Alles ist
  weil es nicht war
  Nichts wird
  weil alles ist

Der Ursprung
  ein blinder Fleck
  im Auge der Schöpfung

Wir formen Regeln
  aus dem Regellosen
  schaffen Ordnung
  im Chaos des Seins

Doch was ist der Anfang?
    Ein Gedanke vielleicht
    der sich selbst denkt

Oder ein Wort
    das sich selbst spricht
    im stummen Raum der Möglichkeiten

Alles und Nichts
    tanzen Arm in Arm
    am Rande des Verstehens

Wir sind
    weil wir nicht sind
    Wir werden
    weil wir vergehen

Im Anfang war das Ende
    Im Ende der Anfang
    Ein Kreis ohne Mittelpunkt
    Ein Zentrum überall

Illusionen

Was wir Wahrheit nennen

ist nur ein Schleier
der uns die Augen verbindet

Wir tasten im Dunkeln
nach einer Wirklichkeit
die sich ständig wandelt

Deine Wahrheit
ist nicht meine Wahrheit
Dein Rot mein Blau

Wir streiten um Schatten
die wir an Höhlenwände werfen
und nennen es Realität

Jeder trägt seine Welt
wie eine zweite Haut
untrennbar verbunden

Warum also kämpfen
um Luftschlösser und Fata Morganas?
Sie zerfließen zwischen unseren Fingern

Die einzige Gewissheit:
Nichts ist gewiss
außer der Ungewissheit selbst

Vielleicht liegt Freiheit darin
die Illusion zu umarmen
ohne ihr zu verfallen

Lass uns tanzen
auf dem dünnen Eis der Wirklichkeit
bis es unter uns bricht

Und wir eintauchen
in das grenzenlose Meer
der Möglichkeiten

Die Rose

Zartverschlossen, die Knospe, ein Versprechen in Grün gehüllt.
Dann, zaghaft, erstes Erröten, Blütenblätter, die sich entfalten. Stängel, stark und doch biegsam, trägt die Last der werdenden Schönheit. Dornen, Wächter der Anmut, warnen: Schönheit hat ihren Preis
Der Sonne entgegen, streckt sie sich, ein lebendiger Kompass. Tautropfen glitzern im Morgenlicht, Juwelen auf samtweichem Rot.
Voll erblüht, ein Feuerwerk der Farben, berauscht die Sinne, betört den Geist.

Doch im Zenit ihrer Pracht lauert schon der Anfang vom Ende. Perfektion, ein flüchtiger Moment, schon beginnt das sanfte Welken.

Was uns am meisten entzückt, ist bereits auf dem Weg des Abschieds.

So lehrt die Rose: Schönheit ist vergänglich, doch gerade darin liegt ihre ewige Wahrheit.

Morgengrauen

Zart schleicht das Gelb
    über den Horizont
    vertreibt das Grau der Nacht

Die Erde dreht sich
    wie ein müder Tänzer
    der Sonne entgegen

Feuriges Rot explodiert
    am Himmel
    ein kosmisches Feuerwerk

Die Welt erwacht
    aus ihrem Schlummer

reckt sich dem Licht zu

Tautropfen glitzern
    wie vergossene Sterne
    auf Grashalmen

Der Tag erblüht
    ein zartes Pflänzchen noch
    bald schon in voller Pracht

Die Nacht versinkt
    hinter dem Rand der Welt
    ein flüchtiger Schatten nur

So dreht sich alles
    im ewigen Tanz
    von Dunkel zu Licht

Und wir?
    Zuschauer und Tänzer zugleich
    in diesem kosmischen Ballett

Die Welt ist schön

Die Welt ist schön
   sagen sie
   Aber sehen wir es?

Ein Regentropfen
   auf einem Blatt
   ein Universum im Kleinen

Ein Lächeln
   zwischen Fremden
   ein Funke Menschlichkeit

Die Welt ist ein Wunder
   flüstern die Bäume
   Hören wir zu?

Ein Sonnenstrahl
   bricht durch Wolken
   malt Hoffnung an den Himmel

Ein Kind lacht
   unbeschwert und frei
   erinnert uns an Freude

Wir sind Teil davon
   ob wir wollen oder nicht
   verbunden im Sein

Die Schönheit versteckt sich nicht
   wir verstecken uns vor ihr

In der Hektik des Alltags
   übersehen wir das Außergewöhnliche im
Gewöhnlichen

Die Welt ist schön
   immer wieder
   wenn wir nur hinschauen

Ein Atemzug
   ein Herzschlag
   das Wunder des Lebens

Lass uns die Augen öffnen
   für das Wunder um uns
   und in uns

Die Welt ist schön
   trotz allem
   vielleicht gerade deswegen

In den Straßen der Erinnerung

Sie kehrt zurück, mit schwerem Schritt,zu den Orten, die einst Heimat waren.

Das Elternhaus, nun fremd und kalt,die Fenster blind, die Türen stumm.

Im Garten wuchern wilde Rosen, wo einst ihr Lachen Blüten trieb.

Die Zeit, ein gnadenloser Gärtner,hat alles Zarte fortgespült.

Sie wandert weiter, durch die Stadt,wo Liebe einst ihr Herz entflammte.

Die Bank im Park, ihr alter Treffpunkt,trägt fremde Namen, eingraviert.

Das Café an der Ecke steht noch,doch ihr Tisch ist längst besetzt.

Von fremden Händen wird berührt,was einst nur ihnen heilig war.

Am Fluss, wo Küsse sie sich stahlen,fließt träge nun das Wasser hin.

Die Brücke trägt noch ihre Schritte, doch seine sind schon lang verhallt.

Sie sucht in jedem Winkel, jedem Schatten, nach Spuren einer Zeit, die war.

Doch findet nur ihr eig'nes Echo,in einer Welt, die weiterging.

Die Liebe, einst so strahlend hell,ist nun ein blasser Geist der Nacht.

Sie flüstert leise in den Gassen,von dem, was war und nie mehr sein wird.

Am Ende ihrer Reise steht sie,am Ufer ihrer Einsamkeit. Die Stadt, ein Friedhof der Gefühle, und sie, die letzte Trauernde.

Hoffnung

Jeden Morgen
    geht die Sonne auf
    ein Versprechen am Horizont

Die Natur
    unbeirrt in ihrem Rhythmus
    blüht und vergeht und blüht wieder

Frühling kommt
    nach jedem Winter
    ein grünes Flüstern der Hoffnung

Sommer folgt
    mit warmen Händen
    streichelt die Ängste fort

Herbst malt
  die Welt in Gold
  Schönheit im Vergehen

Winter deckt
  alles mit Stille zu
  Ruhe vor dem Neubeginn

Die Schönheit
  versteckt sich nicht
  wir müssen nur hinschauen

In jedem Grashalm
  in jedem Regentropfen
  spiegelt sich das Universum

Hoffnung ist
  kein lauter Schrei
  sondern ein leises Beharren

Sie wächst
  in den Ritzen des Alltags
  unscheinbar und doch unbesiegbar

Jeder neue Tag
  ist eine offene Tür
  durch die das Licht fällt

Wir müssen nur

den Mut haben
hindurchzugehen

Die Welt dreht sich weiter
trotz unserer Zweifel
ein kosmischer Tanz der Möglichkeiten

Lass uns hoffen
nicht weil es leicht ist
sondern weil es notwendig ist

Liebe Ist

Liebe ist Feuer und Eis
Brennend heiß und klirrend kalt
Sie baut Brücken und reißt Mauern ein
Macht stark und verletzlich zugleich
Liebe ist Licht in der Dunkelheit
Ein Leuchtturm im Sturm des Lebens
Sie flüstert leise und schreit laut
Ist sanft wie eine Feder und hart wie Stahl
Liebe ist der Duft von Rosen und der Schmerz
ihrer Dornen
Sie lässt Herzen höher schlagen und bricht sie
manchmal entzwei

Doch selbst wenn sie verwundet
heilt Liebe alle Wunden
Sie stirbt und wird neu geboren
Ein ewiger Kreislauf des Lebens

Warum ich dich liebe

Deine Stärke in Stürmen,
Deine Sanftheit im Stillen.
Dein Lachen - Sonnenschein.
Deine Tränen - Sternenglanz.
Du bist Fels und Welle,
Berg und Tal meiner Seele.
Deine Worte - scharfe Klingen,
Deine Blicke - weiche Federn.
In dir finde ich Heimat, und zugleich Abenteuer.
Du bist mein Anfang, mein Ende,
Und doch - mein ewiger Neuanfang.

Guten Morgen, mein Herz

Die Sonne erwacht
    und mit ihr meine Liebe zu dir
    hell und warm
    wie der erste Strahl des Tages

Du schläfst noch
    doch deine Träume
    tanzen schon
    auf meinen Wimpern

Jeder Atemzug von dir
    ist ein Gedicht
    das ich lese
    mit geschlossenen Augen

Der Tag wartet
    voller Möglichkeiten
    wie ein leeres Blatt
    das wir gemeinsam beschreiben

Meine Liebe zu dir
    ist älter als dieser Morgen
    und jünger als der kommende Tag

zeitlos und immer neu

Erwache, mein Herz
in meine Arme hinein
lass uns den Tag begrüßen
wie alte Freunde und neue Liebende zugleich

Guten Morgen
meine Ewigkeit
mein Augenblick
mein Du

Zufall oder Schicksal

Zufällig
treffen. Schicksalhaft bleiben. Münze fällt
.Herz entscheidet.
Chaos der Möglichkeiten.
Ordnung der Bestimmung.
Willkür des Moments.
Planung der Ewigkeit.
Zufall wirft Würfel. Schicksal legt Karten.
Unberechenbare Wege kreuzen sich.
Vorhersehbare Pfade vereinen sich.
Am Ende erkennen wir:

Jeder Zufall war Schicksal in Verkleidung.

Kleines Liebeslied

Du bist der Morgen
    Ich bin der Abend
    Du strahlst hell
    Ich ruhe dunkel

Du lachst laut
    Ich lächle leise
    Du tanzt wild
    Ich stehe still

Du bist Feuer
    Ich bin Wasser
    Du brennst heiß
    Ich fließe kühl

Gegensätze ziehen sich an
    Sagt man
    Doch wir
    Wir ziehen zusammen

In unserer Mitte
  Wo Tag und Nacht sich treffen
  Wächst eine Blume
  Die „Wir" heißt

Verführung

Worte wie Seide, Blicke wie Pfeile.
  Zwischen uns: Ein Tanz auf Messers Schneide.
  Deine Stimme,ein dunkler Honig.
  Meine Haut - Plötzlich wach, plötzlich König.
  Wir spielen mit Feuer,mit Schatten und Licht.
  Die Nacht flüstert Geheimnisse,die der Tag nicht
verspricht
  .In deinen Augen Seh ich mich fallen.
  Wer verführt hier wen?
  Wir sind Opfer und Täter,Jäger und Beute
zugleich.
  Die Kunst der Verführung -Ein Spiel ohne
Regeln,
  Wo Verlieren und Gewinnen
  Sich in einem Kuss vereinen.

Ich sage leise guten Morgen

Wir haben uns verloren, in den Falten der Nacht,
wo Träume verblassen.

Die Stille schreit deinen Namen, doch meine Lippen bleiben stumm.

Zwischen uns wächst die Zeit, ein Wald aus Ungesagtem.

Ich taste nach Erinnerungen, wie nach Brotkrumen im Dunkeln.

Doch sie zerfallen zu Staub, noch ehe ich sie berühre.

Der Morgen dämmert unbarmherzig, enthüllt die Leere deines Platzes. Wo einst Wärme war, herrscht nun eisige Klarheit.

Vielleicht sind wir nur Schatten, die sich im Licht auflösen.

Zwei Sätze, die sich suchen in einem zerrissenen Buch.

Ich flüstere in die Morgendämmerung, doch nur das Echo antwortet mir.

Wir haben uns verloren, im Labyrinth unserer Herzen.

Was wir ändern können

Wir können die Richtung ändern in die wir gehen aber nicht die Steine über die wir stolpern

Wir können die Worte ändern die wir sagen aber nicht die Ohren die sie hören

Wir können die Gedanken ändern die uns bewegen aber nicht die Träume die uns des Nachts besuchen

Wir können die Liebe ändern die wir geben aber nicht die Herzen die wir damit berühren

Was wir nicht ändern können

Wir können nicht die Zeit ändern die uns geschenkt ist nur die Art wie wir sie nutzen

Wir können nicht die Welt ändern in der wir leben nur die Weise wie wir in ihr sind

Wir können nicht das Schicksal ändern das uns erwartet nur die Haltung mit der wir ihm begegnen

Wir können nicht den Tod ändern der uns am Ende nimmt nur das Leben das wir davor führen.

Wer liebt, leidet

Doch wer nicht liebt, leidet auch.

Die Liebe ist ein zweischneidiges Schwert,das schneidet, wenn man es hält und wenn man es loslässt.

Zwischen Sehnsucht und Erfüllung
liegt ein Ozean aus Tränen.

Wer nicht schwimmen kann, ertrinkt.Liebe macht verwundbar wie ein nackter Fuß auf spitzen Steinen.

Doch barfuß spürt man den Boden am besten. Wer liebt, riskiert alles.

Wer nicht liebt, verliert alles, ohne es je besessen zu haben.

Die Liebe ist ein Feuer,das wärmt und verbrennt .Besser Asche als nie gebrannt.

Schmerz ist der Preis für Nähe.

Einsamkeit der Preis für Distanz.

Was wählst du? Liebe macht blind, sagen sie.

Doch wer liebt, sieht mit dem Herzen
Klarer als je zuvor.

Wer liebt, leidet. Wer leidet, lebt. Wer lebt, liebt wieder.

Alle Worte Liebe

Jeder Buchstabe ein Herzschlag für dich
L wie Licht in meiner Dunkelheit
I wie Insel in stürmischer See
E wie Echo meiner Sehnsucht
B wie Brücke zwischen unseren Seelen
E wie Ewigkeit in einem Augenblick

Mein Herz eine Tintenfeder
schreibt dich
auf die Seiten meines Lebens

Jedes Wort ein Kuss
jeder Satz eine Umarmung
zwischen den Zeilen
unser gemeinsames Schweigen

Liebe
Fünf Buchstaben
unendliche Bedeutung
in dir und mir

Selbst wenn die Tinte verblasst
die Seiten vergilben

bleibt meine Liebe in jeder Faser des Papiers

Alle Worte Liebe
    und doch
    reichen sie nicht aus
    dich zu beschreiben

Mein Herz
    ein offenes Buch
    nur für dich
    geschrieben mit dem Blut der Liebe

Meine Freunde

Alles was ich euch wünsche heute
    Ist Bewusstsein für eure Macht
    Ihr seid Schöpfer eurer Welt
    Nicht Opfer blinder Schicksalskraft

Hell oder dunkel, Freud oder Leid
    Ihr wählt die Farbe eures Tags
    Seid Hammer und Amboss zugleich
    Formt das Leben nach eurem Schlag

Denkt an Blumen, nicht an Dornen

Seht Chancen statt Barrieren
Ein Lächeln öffnet viele Türen
Gram lässt Möglichkeiten erfrieren

Macht das Beste aus jedem Moment
Wie ein Künstler aus rohem Stein
Die Zukunft liegt in eurer Hand
Ihr könnt Schöpfer des Glückes sein

Nähe und Ferne

Du bist mir zu nah
und ich ersticke
an deiner Vertrautheit

Ich sehne mich nach dem Fremden in dir
das ich nie ganz kenne

Die Distanz nährt meine Lust
wie Wasser eine Blume

Doch deine Nähe
löscht das Feuer
das mich zu dir zieht

Ich will dich begehren
    aus der Ferne
    um dich zu lieben in der Nähe

Aber die Nähe raubt mir den Atem
    den ich zum Begehren brauche

So tanze ich zwischen Kommen und Gehen
    Nähe und Ferne

Zerrissen zwischen dem Wunsch zu bleiben
    und dem Drang zu fliehen

Vielleicht ist die Sehnsucht selbst
    die einzige wahre Liebe

Traumbrücke

Bevor du einschläfst, Liebste,
    sende ich dir diese Worte:

Mögen deine Träume
    Brücken sein

zwischen unseren Herzen

Möge die Nacht
    dich sanft umarmen
    wie ich es gerne täte

Ich wünsche dir
    Sternenlicht in deinen Gedanken
    und Mondschein auf deiner Haut

Während du schläfst
    wache ich über deine Ruhe
    mit jedem meiner Atemzüge

Morgen
    wenn die Sonne uns wieder vereint
    werde ich dich neu entdecken

als wäre es das erste Mal
    und doch vertraut
    wie tausend gemeinsame Nächte

Schlafe sanft, meine Liebe
    Ich warte auf der anderen Seite
    des Traums auf dich

Der Feldweg

Zwischen Ähren und Gräsern schlängelt sich der Weg. Wohin? Wer weiß. Vielleicht ins Nirgendwo.

Über Hügel und durch Täler, manchmal steil, oft mühsam.

Der Weg fragt nicht nach Zielen, er ist einfach da. Schwere Schritte, leichte Schritte, alle gleich auf diesem Pfad.

Der Weg kennt keine Unterschiede, er trägt jeden, der zu gehen wagt. Anfangen ist leicht, sagen sie. Doch der erste Schritt ist der schwerste. Wohin? Egal. Hauptsache gehen. Die Richtung findet sich von selbst.

Vielleicht gibt es kein Ankommen,nur ein ewiges unterwegs sein.

Vielleicht ist das Ziel eine Illusion, und der Weg selbst die Wahrheit.

Was zählt, ist nicht das Wohin, sondern das Wie und das Jetzt.

Jeder Schritt eine kleine Revolution, gegen die Trägheit des Seins. Gehen, um des Gehens willen. Sein, um des Seins willen.

Der Feldweg lehrt uns: Das Leben ist der Weg selbst. Und vielleicht, ja vielleicht, führt uns der Weg nirgendwohin.

Aber ist das nicht besser, als nie losgegangen zu sein?

Zeitspiel

Die Uhr tickt, tickt, tickt.

Nichts geschieht. Die Zeit dehnt sich wie ein endloser Gummifaden.

Langeweile kriecht durch die Ritzen des Alltags.

Ist das Leben? Oder nur das Warten darauf?

Beginnen. Ein schweres Wort.

Schwerer noch die Tat. Doch wer nicht anfängt, hat schon verloren.

Wir spielen Spiele gegen die Leere. Schach mit dem Schicksal, Verstecken mit uns selbst.

Rennen, rennen, immer rennen. Dem Tod davon, der uns einholt, egal wie schnell wir sind.

Bewusstlos im Sein, blind für das eigene Leben.

Wir atmen, wir essen, wir schlafen.

Aber leben wir wirklich?

Die Zeit verrinnt wie Sand zwischen den Fingern. Wir versuchen sie festzuhalten, doch sie entgleitet uns. Vielleicht ist die Langeweile ein Geschenk? ein Moment, um innezuhalten, um wirklich da zu sein? Oder ist sie nur eine Illusion, wie die Zeit selbst? Ein Konstrukt unseres Geistes, um dem Nichts einen Namen zu geben?

Am Ende bleibt die Frage: Haben wir die Zeit verbracht, oder hat die Zeit uns verbracht?

Und macht es überhaupt einen Unterschied?

Zeitflucht

Keine Zeit, sagen wir. Doch die Zeit hat uns. Wir schwimmen in ihrem Strom, ertrinken in ihrer Fülle.

Vollgepackte Kalender, überquellende To-do-Listen. Wir stopfen unser Leben, aus Angst vor der Leere.

Immer im Außen, nie bei uns selbst.

Sind wir auf der Flucht? Vor wem? Vor was?

Rennen wir durchs Leben oder vor dem Leben davon? Die Uhr tickt unerbittlich, doch hören wir sie noch?

Wir fürchten zu versäumen, und versäumen dabei das Sein. Atemlos hetzen wir dem nächsten Moment entgegen.

Doch was, wenn die Zeit nur eine Illusion wäre? Ein Gefängnis, das wir selbst gebaut haben? Vielleicht ist Stillstand die wahre Bewegung. Vielleicht finden wir die Zeit, wenn wir aufhören, sie zu suchen. Doch wer hat den Mut, innezuhalten?

Wer wagt es, dem Nichtstun ins Auge zu blicken? Vielleicht sind wir am lebendigsten, wenn wir vergessen, dass wir leben müssen.

Freizeit-Sehnsucht

Heute ist Freitag
   und morgen ist frei
   Doch was heißt schon frei?

Frei von Arbeit
   aber gefangen in Erwartungen
   Frei von Pflicht
   doch versklavt dem Vergnügen?

Die Uhr tickt unbarmherzig
   Minuten tropfen wie Blei
   Freizeit naht mit Siebenmeilenstiefeln

Sehnsucht nach Nichtstun
   nach Atemholen zwischen den Tagen
   Doch was atmet in uns?

Ist Freizeit Freiheit
oder nur eine andere Form von Zwang?
Frei wovon? Frei wofür?

Heute ist Freitag
Morgen ist alles möglich
Oder doch nur das Übliche?

Die Sehnsucht bleibt
unerfüllt wie ein leeres Versprechen
Freizeit - ein Traum im Wachsein

Stärke wählen

Leichter oder stärker?
Die Wahl ist klar wie Kristall: Stärke, die Last zu tragen statt der Last zu entfliehen.
Stärke wächst im Widerstand wie Bäume im Sturm. Leichtigkeit verweht.
Stärke bleibt und wurzelt tief.
Stark sein heißt: Den Berg erklimmen, nicht umgehen.

Die Dunkelheit durchschreiten, nicht fürchten. Das Leben umarmen, nicht fliehen.

Wer Stärke wählt, wählt den harten Weg.

Doch am Ende steht er aufrecht, während andere noch kriechen.

Stärke ist eine Entscheidung, jeden Tag aufs Neue.

Sie flüstert: „Steh auf!"wenn alles in dir liegen bleiben will. So wähle ich die Stärke, nicht weil es leicht ist, sondern weil es mich formt, zu dem, der ich sein will.

Gelassenheit

Was ist Gelassenheit? Nicht das Fehlen von Sturm, sondern Ruhe in seinem Auge.

Nicht die Abwesenheit von Problemen, sondern ihr Annehmen.

Gelassenheit ist den Fluss nicht aufhalten wollen, sondern mit ihm schwimmen.

Gelassenheit heißt nicht alles verstehen müssen, aber alles betrachten können. Gelassenheit bedeutet loslassen, ohne aufzugeben, atmen ohne zu hetzen, sein ohne sich zu verlieren.

Gelassenheit ist die Kunst des Nicht-Tuns in einer Welt der Rastlosigkeit.

Sie ist das Lächeln des Buddha in einer schreienden Welt.

Vielleicht ist Gelassenheit die höchste Form des Widerstands gegen die Tyrannei der Zeit.

Vielleicht ist sie der einzige Weg, ganz bei sich zu sein.

Junge Liebe

Zart wie Morgentau
   Brennend wie Mittagssonne
   Ungestüm wie Frühlingswind

Reife Liebe
   Tief wie alter Wein
   Stark wie knorrige Wurzeln Beständig wie Fels im Meer

Wandlung

Was wild war wird sanft
   Was laut war wird leise
   Was schnell war wird langsam

Doch unter ruhiger Oberfläche
 Pocht noch immer
  Das wilde Herz von einst

Wir sind nicht mehr dieselben
 Und doch mehr wir selbst
  Als wir es je zuvor waren

Die Zeit hat uns verändert
 Aber die Liebe
 Hat uns bewahrt

Zauberhafte Welt

Blätter flüstern Geheimnisse,
 Grashalme tanzen im Wind.
  Wo endet Traum, wo beginnt Wirklichkeit?

Regenbogenfarben am Himmel,
 Kristalle glitzern im Fels.
  Die Erde atmet, wir atmen mit ihr.

Sternenschleier umhüllen die Nacht, Glühwürm-
chen - kleine Laternen der Hoffnung.
 Im Dunkeln leuchtet das Licht am hellsten.

Wolken ziehen, Gestalten wandeln sich.
Was eben noch war, ist schon vergangen.
Nur der Wandel bleibt beständig.

Schmetterlingsflügel - zerbrechliche Kunstwerke.
Ein Hauch genügt, die Welt zu verändern.
In der Zartheit liegt ungeahnte Kraft.

Unter unseren Füßen pulsiert das Leben,
über uns dreht sich die Unendlichkeit. Wir
schweben dazwischen, Zauber im Herzen.

Blätter flüstern Geheimnisse

Grashalme tanzen im Wind. Wo endet Traum, wo
beginnt Wirklichkeit?
Regenbogenfarben am Himmel, Kristalle glitzern
im Fels. Die Erde atmet, wir atmen mit ihr.
Sternenschleier umhüllen die Nacht, Glühwürm-
chen - kleine Laternen der Hoffnung. Im Dunkeln
leuchtet das Licht am hellsten.
Wolken ziehen, Gestalten wandeln sich.
Was eben noch war, ist schon vergangen.

Nur der Wandel bleibt beständig. Schmetterlingsflügel - zerbrechliche Kunstwerke. Ein Hauch genügt, die Welt zu verändern.

In der Zartheit liegt ungeahnte Kraft.

Unter unseren Füßen pulsiert das Leben, über uns dreht sich die Unendlichkeit. Wir schweben dazwischen, Zauber im Herzen.

Abschied

Abschied ist ein Wort
    das wir nicht verstehen wollen
    bis wir müssen

Abschied ist eine Tür
    die sich schließt
    und eine die sich öffnet

Abschied ist ein Schnitt
    der trennt und heilt
    zugleich

Abschied ist ein Spiegel
    in dem wir sehen
    was war und was sein wird

Abschied ist eine Brücke
zwischen Gestern und Morgen
die wir alleine überqueren müssen

Abschied ist ein Geschenk
das wir erst schätzen
wenn wir es ausgepackt haben

Abschied ist ein Lehrer
der uns zeigt
wie kostbar das Jetzt ist

Abschied ist ein Versprechen
dass nichts für immer ist
außer der Wandel selbst

Abschied ist ein Anfang
getarnt als Ende
eine Geburt verkleidet als Tod

Abschied ist die Kunst
loszulassen und festzuhalten
im selben Atemzug

Kraft

Kraft ist kein Muskel
   Sie ist ein Flüstern im Sturm
   Ein Ja wenn alles Nein schreit

Kraft wächst nicht in Ruhe
   Sie keimt in Rissen
   Blüht in Wüsten

Du findest sie nicht
   Indem du sie suchst
   Sie findet dich
   Wenn du aufgibst zu suchen

Kraft ist keine Waffe
   Sie ist ein Schild aus Hoffnung
   Eine Brücke über Abgründe

Nähre sie mit Zweifeln
   Tränke sie mit Tränen
   Ernte sie in Stille

Kraft ist kein Besitz
   Sie ist ein Geschenk

Das du täglich neu empfängst
Und weitergibst

Im Loslassen liegt Stärke
Im Fallen das Fliegen
Im Ende der Anfang

Kraft - Ein Funke göttlichen Feuers
Der in dir brennt
Trotz aller Dunkelheit

Sommerende

Die Sonne versteckt sich
hinter grauen Wolkenschleiern
Regentropfen fallen
wie ungeweinte Tränen

Der Sommer flüstert Abschiedsworte
in raschelnde Blätter
Die ersten gelben Boten des Herbstes
tanzen im Wind

Vergänglichkeit
liegt in der Luft
schwer wie Nebel

leicht wie Spinnweben

Erinnerungen an warme Tage
    verblassen wie Fotografien
    Die Zukunft riecht nach Äpfeln
    und moderndem Laub

Zwischen den Jahreszeiten
    hängt die Zeit
    wie eine reife Frucht
    die noch nicht fallen will

Der letzte Sommertag
    ist immer gestern
    Der erste Herbsttag
    ist immer morgen

Heute
    sind wir Gefangene des Wandels
    Zeugen des ewigen Kreislaufs
    von Werden und Vergehen

Zeitensand

Die Uhr tickt leiser jetzt

Jeder Schlag ein Abschied
von dem, was war
und nie mehr sein wird

Gesichter verblassen
wie alte Fotografien
Stimmen verhallen
in den Korridoren der Erinnerung

Die Jahre Sand zwischen meinen Fingern
Je fester ich zugreife
desto schneller rinnen sie

Freude ein scheuer Vogel
der sich nicht fangen lässt
aber manchmal auf meiner Schulter rastet

Die Zukunft
einst ein weites Feld
schrumpft zum schmalen Pfad
Wohin führt er?

Trauer ist nicht schwarz
Sie hat die Farbe verblühter Sommerblumen
und das Gewicht ungesagter Worte

Noch atme ich
Noch liebe ich
Noch hoffe ich
Ist das genug?

Zeit
du grausame Geliebte
nimmst und gibst zugleich
Lehre mich deine Sprache zu verstehen

Halte mich fest

Aber nicht zu eng, dass ich atmen kann und mich entfalten

Lass mich los aber nicht zu weit dass ich dich noch spüre und zu dir finden kann.

Halte mich und lass mich zur rechten Zeit im rechten Maß so wie der Baum die Blätter hält bis der Herbstwind kommt und sie sanft davon trägt dann lass mich los vertrau darauf, dass ich wiederkehre wie neues Grün im Frühling

Halt und Loslassen geben und nehmen nur so kann Liebe wachsen und bestehen

Spätsommertag

Goldenes Licht fällt schräg auf reife Felder.

Die Luft schmeckt süß nach Apfel und Vergänglichkeit.

Schwalben ziehen Kreise am Himmel, sammeln Kraft für die große Reise.

Ihr Abschied steht bevor, wie der des Sommers.

In den Gärten leuchten letzte Blüten trotzig.

Sie wissen nicht, dass der Frost schon hinter dem Horizont lauert.

Die Tage werden kürzer, doch die Nächte länger. Zeit dehnt sich wie Honig,süß und zäh zugleich

Noch einmal atmet alles tief, bevor der Herbst kommt.

Ein letztes Aufbäumen des Lebens, ehe die Stille einkehrt.

Die Kunst der Liebe

Liebe ist kein Gemälde das man an die Wand hängt und bewundert.

Sie ist eine Skulptur die man täglich formt mit zitternden Händen

Liebe ist kein Lied, das man auswendig lernt und perfekt vorträgt Sie ist eine Improvisation voller falscher Töne und überraschender Harmonien Liebe ist kein Gedicht das man schreibt und vollendet

Sie ist ein Wort das man immer wieder neu buchstabiert mit der Sprache des Herzens.

Liebe ist keine Kunst die man beherrscht

Sie ist eine Kunst die uns beherrscht und frei macht zugleich.

Erotisch

Was ist erotisch

Erotisch ist nicht, was sich zeigt was sich versteckt

Erotisch ist nicht die nackte Haut, sondern der Schatten zwischen Stoff und Fleisch

Erotisch ist nicht der laute Seufzer, sondern das leise Zittern der Stimme

Erotisch ist nicht die direkte Berührung sondern die Spannung des Beinahe

Erotisch ist nicht das Offensichtliche sondern das Geahnte das Unausgesprochene

Erotisch ist der Raum zwischen Wunsch und Erfüllung Traum und Wirklichkeit Erotisch ist was die Fantasie entfacht und die Sinne schärft für das Unsichtbare.

Alltagsroutinen

Der erste Schluck Kaffee ist kein Getränk, sondern ein Ritual der Wiedergeburt.

Das Binden der Schnürsenkelist kein banaler Akt sondern die tägliche Vorbereitung auf den Weg

das Blättern der Zeitung ist keine Informationsaufnahme sondern ein Tanz mit der Welt

Das Nicken zum Nachbarn ist keine höfliche Geste sondern ein stummer Pakt der Zugehörigkeit

Die Fahrt zur Arbeit ist keine verlorene Zeit sondern ein Zwischenraum der Möglichkeiten

Das Öffnen der Haustür abends ist kein simples Heimkommen sondern eine Rückkehr zu sich selbst

Diese Routinen sind nicht das Leben sagen wir

Und doch Sind sie nichts anderes

Sie sind die unsichtbaren Fäden die den Teppich unserer Existenz weben unscheinbar und unentbehrlich zugleich

Wer sie übersieht, übersieht das Leben selbst in seiner alltäglichen Verkleidung

Sein

Sein ist nicht was wir denken zu sein es ist der Raum zwischen Gedanken und Atemzügen.

Sein ist nicht was wir tun oder haben es ist das Schweigen hinter unseren Worten.

Sein ist nicht Vergangenheit oder Zukunft es ist der blinde Fleck im Auge der Gegenwart.

Sein ist nicht was andere in uns sehen es ist der Schatten den wir auf uns selbst werfen

Sein ist nicht etwas das man erreicht es ist der Weg der sich unter unseren Füßen entfaltet

Sein ist nicht getrennt von Nichtsein es ist der Tanz von Leere und Fülle.

Sein ist was bleibt wenn alles andere geht und zugleich was geht, wenn alles andere bleibt.

Hoffnung

Ein zarter Keim im kargen Land,
trotzt Wind und Wetter unerkannt.
Sie flüstert leise: „Gib nicht auf",
wenn Zweifel lähmen deinen Lauf.

Hoffnung ist kein lauter Schrei,
vielmehr ein stilles Einerlei.
Sie nährt sich von der kleinsten Tat,
wächst unbemerkt wie zarte Saat.

Wer hofft, der sieht im Dunkel Licht,
hört Melodien im Schweigen dicht.
Hoffnung lehrt uns aufzustehen, wenn alle
Wege untergehen.

Sie ist kein Anker, der uns hält,
eher ein Segel, das sich stellt

dem Wind entgegen, treibt uns fort
zu einem unbekannten Ort.

Doch Vorsicht: Hoffnung kann auch blenden,
uns von der Wahrheit abzuwenden.
Sie ist ein Schwert mit zweiter Schneide,
bringt Heilung oder tiefes Leide.

Hoffe klug und mit Bedacht,
nicht blind der Zukunft zugedacht.
Im Jetzt liegt aller Hoffnung Kern -
das Morgen bleibt uns ewig fern.

Hoffnung1

Hoffnung ist kein Versprechen
sondern eine Frage
die wir dem Morgen stellen

Sie ist kein Rettungsring
sondern das Wasser selbst
in dem wir schwimmen

Hoffnung trägt keine Flügel

sie ist der Wind
der uns aufhebt, wenn wir fallen

Sie schreit nicht laut
sondern flüstert
in der Stille zwischen zwei Herzschlägen

Hoffnung baut keine Brücken
sie lehrt uns
durch reißende Ströme zu waten

Sie ist nicht das Licht am Ende des Tunnels
sondern die Dunkelheit
die uns die Sterne zeigt

Hoffnung verspricht nichts
sie erinnert uns nur
dass wir noch atmen

Und manchmal
ist Hoffnung auch das:
zu hoffen aufzuhören
und trotzdem weiterzumachen

Haltung

Haltung ist kein Kleidungsstück, das man anzieht oder ablegt. Sie ist die Haut die wir tragen unsichtbar und doch alles prägend.

Charakter formt sich nicht in Worten sondern in der Stille unserer Entscheidungen.

Er ist der Schatten, den wir werfen, wenn niemand hinsieht. Haltung zeigt sich nicht im Applaus sondern im einsamen Widerstand gegen den Strom. Sie ist das Rückgrat, das uns aufrecht hält, wenn alle anderen sich beugen.

Charakter ist kein Geschenk das wir erhalten sondern ein Garten, den wir täglich pflegen. Er wächst in den Rissen unserer Niederlagen blüht in den Zweifeln, die wir überwinden.

Haltung flüstert, wenn andere schreien sie handelt, wenn andere nur reden. Sie ist die Hand die wir reichen wenn es uns selbst am schwersten fällt.

Charakter ist die Summe unserer Taten nicht unserer Absichten.

Er zeigt sich in den Spuren die wir hinterlassen nicht in den Wegen, die wir planen.

Und manchmal ist Haltung auch das: zu fallen aufzustehen und weiterzugehen als wäre nichts geschehen.

Mut

Mut ist kein Löwengebrüll
   sondern das leise Klopfen des Herzens
   das trotzdem schlägt

Er ist nicht die Abwesenheit von Angst
   sondern das Flüstern der Seele
   „Geh weiter, trotz allem"

Mut trägt keine Rüstung
   er ist die nackte Haut
   die sich dem Sturm entgegenstellt

Er braucht keine Bühne
   sondern findet sich im stillen Nein
   wenn alle Ja sagen

Mut ist kein Muskel, den man trainiert
   sondern eine Wunde, die man pflegt
   bis sie zur Stärke wird

Er ist nicht der erste Schritt
   sondern der letzte

wenn alle anderen umgekehrt sind

Mut kennt keine Siege
    nur das Aufstehen
    nach jeder Niederlage

Er verspricht keine Sicherheit
    sondern lehrt, uns zu tanzen
    auf dem Seil der Ungewissheit

Und manchmal ist Mut auch das:
    zuzugeben dass man Angst hat
    und trotzdem nicht davonzulaufen

Gemeinschaft

Gemeinschaft ist kein Gebäude aus Stein
    sondern ein Netz aus Händen, die sich halten
    unsichtbar und doch tragend

Sie ist nicht die Summe der Einzelnen
    sondern der Raum dazwischen
    wo Einsamkeit sich in Verbundenheit auflöst

Gemeinschaft spricht nicht mit einer Stimme

sie ist der Chor der Verschiedenheit
der in Dissonanz Harmonie findet

Sie baut keine Mauern
   sondern öffnet Türen
   in Herzen, die sich fremd waren

Gemeinschaft ist kein fertiges Puzzle
   sondern das gemeinsame Suchen
   nach Teilen, die zusammenpassen

Sie verlangt keine Gleichheit
   sondern lehrt uns das Fremde
   im Vertrauten zu entdecken

Gemeinschaft verspricht keine Perfektion
   sie ist der Mut, gemeinsam zu scheitern
   und wieder aufzustehen

Sie ist nicht das Ziel der Reise
   sondern der Weg selbst
   den wir miteinander gehen

Und manchmal ist Gemeinschaft auch das:
   allein zu sein und zu wissen
   dass irgendwo jemand an dich denkt

Wahre Schönheit

Sie liegt nicht in perfekten Zügen, nicht im Glanz der Jugend allein.

Sie wohnt in den Falten des Lachens,in Augen, die Geschichten erzählen.

Wahre Schönheit ist leise,Sie schreit nicht, sie flüstert. Sie blüht in der Güte der Hände, die trösten, die geben, die heilen.

Sie tanzt in den Schatten der Jahre,reift wie guter Wein. Wahre Schönheit ist Seele, die durch die Haut scheint.

Sie strahlt aus zerbrochenen Herzen,Aus Narben, die Stärke bezeugen.

Wahre Schönheit ist Mut, der aufsteht und weitergeht.

Sie ist das Licht in der Dunkelheit,die Hoffnung im Zweifel.

Wahre Schönheit ist Liebe, die bleibt, wenn alles vergeht.

Weisheit

Leise schreitet sie durch die Jahre,
  Nicht laut, nicht grell, nicht eilig.
  In Furchen des Gesichts geschrieben, im Schweigen der Alten heilig. Sie wächst in Wurzeln tief verborgen,
  Nährt sich von Freud und Leid. Weisheit - kein Besitz, kein Haben,
  Eher ein Loslassen mit der Zeit. Sie spricht in Paradoxen, lacht über unsere Gewissheit.
  Im Zweifel liegt ihr Samen, in Demut ihre Freiheit.
  Nicht Wissen macht sie aus,
  Sondern das Wissen um Nichtwissen.
  Sie tanzt auf Messers Schneide, zwischen Torheit und Erleuchtung.
  Weisheit kommt auf leisen Sohlen,
  wenn wir aufhören sie zu suchen. Sie blüht in den Rissen unserer Pläne, in den Trümmern unserer Träume.
  Am Ende steht sie lächelnd da, nackt wie ein neugeborenes Kind. Weisheit - ein ewiges Werden, ein Fluss, der nie zum Stillstand kommt.

Der Mond am Himmel

Was hält den Mond am Himmel? Nicht Schwerkraft, nicht Physik.

Es ist das Staunen in unseren Augen, die Sehnsucht in unseren Herzen. Das Wunder des Seins liegt nicht im Sein selbst, sondern in unserem Begreifen, das wir sind. Der Mond tanzt am Firmament, weil wir zu ihm aufblicken. Wir existieren, weil der Kosmos uns bestaunt.

In der Stille der Nacht flüstert das Universum:"Du bist."Und wir antworten lächelnd: „Ja."

Aufschub

Morgen, sage ich, morgen werde ich beginnen.

Doch morgen ist heute schon gestern.

Die Zeit rinnt durch meine Finger, während ich zusehe, wie sie verrinnt.

Aufschub ist ein Dieb, der meine Träume stiehlt, meine Möglichkeiten raubt, mein Leben verkürzt. Doch was, wenn ich den Dieb überrasche?

Was, wenn ich jetzt das morgen ergreife?

Jetzt ist immer. Jetzt ist die einzige Zeit,die wir haben.

Jetzt ist genug. Ich stehe auf. Ich fange an. Ich lebe. Jetzt.

Das Leben ist schön

Das Leben ist schön, sagen sie
    Aber was ist Schönheit?
    Ein Sonnenuntergang oder
    Ein neugeborenes Lächeln?

Das Leben ist schön
    Trotz der Dornen
    Oder wegen der Dornen?
    Wer bestimmt die Ästhetik des Seins?

Schönheit liegt im Auge
    Des Betrachters, heißt es
    Doch was, wenn das Auge
    Vom Weinen getrübt ist?

Vielleicht ist das Leben schön
   Weil es zerbrechlich ist
   Wie eine Seifenblase
   Die im Licht schillert, bevor sie zerplatzt

Das Leben ist schön
   In seiner Unvollkommenheit
   In den Rissen und Narben
   Die unsere Geschichte erzählen

Schönheit ist kein Zustand
   Sondern eine Entscheidung
   Das Leben zu umarmen
   Mit all seinen Facetten

Ja, das Leben ist schön
   Nicht weil es perfekt ist
   Sondern weil wir es wagen
   Es schön zu finden

Schönheit

Schönheit ist
   was wir dafür halten
   und was wir nicht
   dafür halten wollen

Sie versteckt sich
   in den Falten des Alltags
   und schreit uns an
   von Werbeplakaten

Schönheit ist vergänglich
   sagen die Weisen
   Doch was wenn die Vergänglichkeit
   selbst die Schönheit ist?

In den Augen der Liebenden
   In den Händen der Alten

In den Tränen der Trauernden
Überall lauert sie

Schönheit ist gefährlich
Sie blendet und betört
Sie lässt uns vergessen
und erinnert uns doch

Wer bestimmt, was schön ist?
Die Natur? Die Kultur?
Oder du und ich?

Vielleicht ist Schönheit
nur ein Wort
für das Staunen
das uns überwältigt

Wenn wir innehalten
und wirklich sehen
ist alles schön
und nichts

Jahreszeiten der Liebe

Jugendliebe - ein Frühlingsfeuer
    Lodert hell, verzehrt sich schnell
    Leidenschaft, die kaum zu bändigen
    Doch flüchtig wie Kirschblüten im Wind

Sommerliebe reift langsam
    Trägt Früchte, baut Nester
    Gemeinsam wachsen, Wurzeln schlagen
    Bis der Herbst die Blätter färbt

Nun, im goldenen Licht des Spätsommers
    Finden wir die Liebe neu
    Gereift und süß wie alter Wein
    Kostbar in ihrer stillen Kraft

Diese Liebe kennt keine Eile
    Sie atmet tief, sie weiß um die Zeit
    Hand in Hand durch fallende Blätter
    Dem Winter entgegen, furchtlos, zu zweit

Denn diese Liebe, spät erblüht
    Trägt in sich die Weisheit aller Jahreszeiten
    Sie wird uns wärmen, wenn Schnee fällt

Brennende Sehnsucht

Deine Berührung - ein Funke,
  der mich entflammt.
  Flammen züngeln durch meine Adern, verzehren
mich von innen.

Leidenschaft - ein wildes Tier,
  das sich losreißt.
  Es brüllt, es tobt, es verschlingt.
  Vernunft schmilzt dahin.

Begehren - süßes Gift, das mich berauscht.
  Ich trinke gierig, will mehr,
  kann nicht genug bekommen.

Unsere Körper - zwei Fackeln in der Nacht.
  Sie lodern, sie tanzen,
  bis nur noch Asche bleibt.

Doch aus der Glut erhebt sich
  der Phönix der Lust.

Immer wieder neu geboren,
unsterblich wie die Liebe selbst.

Zwischen Herzschlag und Stille

Deine Hand in meiner ist wie ein Anker im Sturm
der Zeit
    Dein Lächeln - Sonnenlicht
    Das die Schatten meiner Zweifel vertreibt

Wir sind zwei Inseln im Meer des Lebens
    Die eine Brücke aus Sehnsucht verbindet
    Jeder Kuss ein Versprechen
    Jede Berührung ein stilles Gebet

Die Liebe - zart und unbezwingbar zugleich
    Lässt Blumen in Wüsten erblühen
    Verwandelt Fremde in Vertraute
    Und macht aus zwei Ichs ein Wir

So lass uns tanzen am Rande der Unendlichkeit
    Hand in Hand dem Morgenrot entgegen
    Denn in deinen Armen
    Bin ich Zuhause und auf Reisen zugleich

Die Zukunft - ein unbeschriebenes Blatt
Wartet darauf mit unseren Träumen gefüllt zu werden
Gemeinsam schreiben wir unsere Geschichte
Zeile für Zeile, Kuss für Kuss

Dornenkrone der Sehnsucht

In den Scherbenmeer-Nächten
Wo Sterne wie Glasscherben schneiden
Blutet mein Herz dir entgegen

Deine Abwesenheit - ein Hunger
Der mich von innen auffrisst
Doch dein Bild nährt mich zugleich

Liebe - du süßes Gift
Lässt mich taumeln am Abgrund
Zwischen Wahnsinn und Erlösung

In deinen Armen zerschmelze ich
Wie Schnee in der Frühlingssonne
Neugeboren und doch sterbend

Aus den Trümmern unserer Begegnung
Erwächst eine zerbrechliche Blume
Die nach Unsterblichkeit duftet

Flammentanz der Herzen

In der Stille zwischen deinen Atemzügen
Finde ich meine verlorene Stimme
Deine Hände - Landkarten der Zärtlichkeit
Führen mich durch Wüsten der Einsamkeit

Leidenschaft - du wildes Tier
Zerfleischst meine Vernunft
Doch aus den Wunden erblüht
Ein Garten ungeahnter Lust

Deine Küsse - Funken im Dunkel
Entzünden Feuer in meinen Adern
Wir verbrennen, Phoenix-gleich
Um aus der Asche neu zu erstehen

In deiner Umarmung zerschmilzt die Zeit
Sekunden dehnen sich zur Ewigkeit
Zärtlichkeit und Leidenschaft verschmelzen

Zu einem Tanz am Rande des Wahnsinns

Unsere Körper - Instrumente der Begierde
    Spielen eine Symphonie der Hingabe
    In diesem Crescendo der Gefühle
    Verlieren und finden wir uns zugleich

Zauberkessel der Sinne

In der Dunkelkammer unserer Berührungen
    Mischen wir Elixiere aus Haut und Atem
    Deine Finger - Zauberstäbe auf meiner Haut
    Entfachen Feuer in vergessenen Höhlen

Zärtlichkeit - ein sanfter Zauberspruch
    Flüstert Geheimnisse in meine Poren
    Löst die Fesseln der Vernunft
    Lässt mich schweben über Abgründen der Lust

Leidenschaft - ein wilder Hexentrank
    Brodelt in unseren verschmolzenen Leibern
    Verwandelt Knochen in flüssiges Gold
    Lässt Sterne explodieren hinter geschlossenen
Lidern

In deiner Umarmung - ein magischer Kreis

Wo Zeit sich auflöst wie Nebel im Sonnenlicht
Hier beschwören wir uralte Götter
Die in unseren Zellen schlummern

Aus dem Schmelztiegel unserer Vereinigung
Steigt ein Phönix aus Lust und Zärtlichkeit
Seine Flügel streifen Welten jenseits der unseren
Wo Liebe die einzige Realität ist

Schönheit der Welt

Grau der Beton
Grün das Gras

Laut die Stadt
Still der Wald

Kalt der Winter
Warm der Sommer

Hart der Stein
Weich die Wolke

Dunkel die Nacht

Hell der Tag

Traurig der Abschied
Freudig das Wiedersehen

Vergänglich die Blüte
Ewig der Kreislauf

Die Welt ist voller Gegensätze
Doch gerade darin
Liegt ihre Schönheit

Wer genau hinsieht
Findet in jedem Riss
Einen Stern

Richtungslos

Norden wird Süden
Osten wird Westen

Vorwärts ist rückwärts
Aufwärts ist abwärts

Der Kompass dreht sich

Die Karte verschwimmt

Wege versperrt
  Pfade verloren

Ziele verschwunden
  Träume verblasst

Im Kreis gegangen
  Zurück am Start

Orientierungslos
  Aber nicht hoffnungslos

Denn wer die Richtung verliert
  Findet vielleicht
  Einen neuen Weg

Und manchmal
  Ist das Verirren
  Der richtige Pfad

Zeitenschatz

Falten wie Landkarten
　　Graue Haare wie Silberfäden

Minuten werden kostbar
　　Stunden zu Juwelen

Jugend war verschwenderisch
　　Alter ist sparsam

Reich an Dingen
　　Arm an Erfahrungen

Oder

Reich an Erinnerungen
　　Arm an Besitz

Die Uhr tickt lauter
 Das Herz schlägt bewusster

Gestern war lang
 Morgen ist kurz

Gelebte Zeit wiegt schwerer
 Als gefüllte Tresore

Am Ende zählt nicht
 Was du hattest

Sondern
 Was du erlebt hast

Reichtum des Lebens
 Ist wertvoller
 Als der Tod eines Reichen

Alter und Zeit

Falten im Gesicht
   Geschichten im Herzen

Graue Haare
   Bunte Erinnerungen

Langsame Schritte
   Schnelle Gedanken

Weniger Jahre vor uns
   Mehr Leben hinter uns

Zeit rinnt wie Sand
   Jedes Korn kostbar

Reich an Dingen
   Arm an Erfahrungen?

Oder reich an Erlebnissen
   Arm an Besitz?

Das Alter lehrt:
   Momente wiegen schwerer als Münzen

Besser ein volles Herz
   Als ein voller Tresor

Denn am Ende zählt nicht
   Was wir haben
   Sondern was wir waren

Und die reichsten Menschen
   Sind oft jene
   Die arm gestorben sind

Was für ein schöner Tag

Was für ein schöner Tag, sagst du
   und ich nicke, obwohl
   die Sonne nicht scheint

und der Regen die Scheiben weint

Was für ein schöner Tag, denkst du
und ich stimme zu, obwohl
die Nachrichten von Krieg sprechen
und die Welt zu zerbrechen droht

Was für ein schöner Tag, fühlst du
und ich fühle mit, obwohl
meine Knochen schmerzen
und die Zeit uns davonrennt

Was für ein schöner Tag, lächelst du
und ich lächle zurück, weil
dein Lächeln die Wolken vertreibt
und die Welt neu erschafft

Was für ein schöner Tag, lieben wir
und die Liebe hat recht, denn
jeder Tag ist schön
an dem wir zusammen sind

Was für ein schöner Tag
trotz allem und wegen allem
weil wir entschieden haben
dass es so ist

Der MüllMann,

Unsung Hero
  Morgengrauen, Motoren brummen
  Er lenkt sein Schiff aus Stahl
  Durch Straßen noch verschlafen

Kinder warten, Augen leuchtend
  Er winkt, sie jubeln
  Alltag wird zum Fest

Müll ist Last, doch er trägt leicht
  Was andere wegwerfen
  Wird in seinen Händen wertvoll

Sonne steigt, Schweiß perlt
  Arbeit macht ihn stark
  Erschöpfung ist sein Stolz

Abend sinkt, Heimkehr naht
  Zufriedenheit erfüllt ihn
  Morgen beginnt sein Tag aufs Neue

Müllmann - Held des Alltags
  Unsichtbar für viele
  Unentbehrlich für alle

Echos der Abwesenheit

Gestern noch hier
　Heute fort
　Stühle leer, Räume still

Lachen verklungen
　Stimmen verstummt
　Erinnerungen flüstern laut

Fotos vergilben
　Geschichten verblassen
　Doch Herzen erinnern sich

Leere füllt sich
　Mit dem, was war
　Und dem, was hätte sein können

Abwesenheit wiegt schwer
　Doch Liebe bleibt leicht
　Wie Staub im Sonnenlicht

Verlust schmerzt
   Aber formt uns
   Zu dem, was wir werden

In der Stille ihrer Abwesenheit
   Hören wir endlich
   Die Melodie ihres Daseins

Sommerende

Grün wird Gold
   Gold wird Braun

Lange Tage schrumpfen
   Kurze Nächte wachsen

Warme Winde erkalten
   Kühle Brisen erwachen

Blüten welken
   Früchte reifen

Sandburgen zerfallen
   Erinnerungen bleiben

Sommerkleider verstaut
  Pullover hervorgeholt

Der letzte Sprung ins Meer
  Der erste Schritt in Pfützen

Sommer geht
  Herbst kommt

Doch in jedem Ende
  Liegt ein neuer Anfang

Und im letzten Sonnenstrahl
  Tanzt schon das erste Herbstblatt

Liebesrechnung

Liebe zählt nicht
  Liebe misst nicht

Keine Kilometerzähler für Nähe
  Keine Waage für Gefühle

Liebe addiert nicht Momente

Sie multipliziert sie

Liebe subtrahiert keine Fehler
Sie dividiert sie durch Verständnis

Keine Bilanz der Gesten
Kein Konto der Küsse

Liebe kennt kein Plus und Minus
Nur ein Mehr und Noch-Mehr

Sie berechnet nicht Vor- und Nachteile
Sie verschenkt sich bedingungslos

Liebe kann nicht kalkulieren
Sie kann nur pulsieren

Nicht Gewinn und Verlust
Sondern Geben und Empfangen

Liebe rechnet nicht
Sie liebt einfach wieder und wieder

Denn in der Gleichung des Herzens
Ist Liebe immer die Lösung

Der stille Begleiter

Er geht neben uns
    unsichtbar und stumm
    ein Schatten ohne Körper

Mal nah, mal fern
    wie die Horizonte, die wir nie erreichen

Er flüstert in Gefahren
    schreit in der Stille
    ein Echo unserer Endlichkeit

Begrenzung und Befreiung
    er schneidet die Fäden
    die uns binden und halten

Nicht Feind, nicht Freund
    sondern Tatsache
    wie Schwerkraft und Zeit

Er lehrt, uns zu leben
    indem er uns mahnt:
    Jeder Atemzug könnte der letzte sein

Waldesschwermut

Im Dickicht der Gefühle
  verloren wie ein welkes Blatt
  treibend auf dunklen Wassern

Äste greifen nach mir
  wie deine Erinnerung
  die mich nicht loslässt

Wurzeln der Sehnsucht
  wachsen tief in die Erde
  finden keinen Halt

Der Nebel deiner Abwesenheit
  verhüllt die Pfade
  die einst zu dir führten

Zwischen Baumstämmen
  hallt das Echo
  unerwiderter Worte

Im Rauschen der Blätter
  höre ich dein Schweigen

lauter als jeder Schrei

Die Nacht des Waldes
    verschlingt meine Hoffnung
    wie ein hungriges Tier

Und doch warte ich
    unter kahlen Zweigen
    auf einen Frühling, der nie kommt

Sein oder Nichtsein

Wir sind
    weil wir nicht nicht sein können
    oder doch?

Unser Sinn
    ist vielleicht sinnlos zu suchen
    nach einem Sinn

Wohin wir gehen
    ist weniger wichtig als
    dass wir gehen

Wir fragen warum
    weil wir keine Antwort haben
    und keine brauchen

Sein ist nicht das Gegenteil von Nichtsein
    sondern seine Fortsetzung
    in anderer Form

Wir sind Fragen
    die sich selbst stellen
    und nie beantworten

Vielleicht ist unser Sinn
    zu sein ohne Grund
    zu gehen ohne Ziel

Wir sind
    weil das Nichtsein uns nicht wollte

Oder sind wir nur
    ein Traum des Universums
    das sich selbst zu verstehen sucht?

Unvollendete Suche

Der Mensch
    ein ewiger Wanderer
    auf der Straße zu sich selbst

Jeder Schritt
    ein Versprechen
    das nie eingelöst wird

Wir suchen
    was wir schon sind
    und übersehen es dabei

Ankommen
    wäre der Tod
    des Suchenden

Doch nicht zu suchen
    wäre der Tod
    des Lebendigen

Wir jagen
    einem Schatten hinterher
    der wir selbst sind

Vielleicht ist Weisheit
   die Suche aufzugeben
   ohne das Gehen zu beenden

Wir sind
   was wir werden
   und werden nie, was wir sind

Ist das Ziel
   die Reise selbst
   oder ihre Aufgabe?

Der Mensch
   vollendet sich
   indem er unvollendet bleibt

Ackerleben

Wir pflügen uns durchs Leben
   brechen harte Schollen
   unserer Vergangenheit

Die Egge der Zeit
   glättet raue Furchen
   macht den Boden bereit

Wir säen Träume
   in die offene Erde
   hoffen auf gute Ernte

Unkraut der Zweifel
   wuchert zwischen Hoffnung
   will ersticken, was keimt

Wir gießen mit Schweiß
   düngen mit Erfahrung
   beten um Sonnenschein

Hagel der Schicksalsschläge
   prasselt auf zarte Halme
   manches bricht, vieles wächst

Wir ernten, was wir säten
   manchmal weniger
   oft anders als gedacht

Der Zyklus des Feldes
   ist der Kreislauf des Lebens
   Werden und Vergehen

Am Ende sind wir selbst
   die Frucht und der Boden

Bauer und Ernte zugleich

Wegweiser

Wir gehen Feldwege
  barfuß durch taunasse Gräser
  jeder Schritt eine Entdeckung

Waldpfade locken
  mit schattigem Geheimnis
  Wurzeln greifen nach unseren Füßen

In Tälern wandern wir
  zwischen hohen Berghängen
  die Welt wird eng und weit zugleich

Schwere Wege steigen an
  jeder Schritt ein Kampf
  gegen Schwerkraft und Zweifel

Leichte Wege führen bergab
  wir laufen wie von selbst
  dem Unbekannten entgegen

Versperrte Wege fordern uns
   Umkehr oder Umweg?
   Jedes Hindernis eine Entscheidung

Umwege lehren uns
   dass der kürzeste Weg
   nicht immer der Beste ist

Wir gehen und gehen
   suchen den richtigen Weg
   durch das Labyrinth des Lebens

Doch am Ende erkennen wir:
   Der Weg war nie außerhalb
   Er war immer in uns selbst

Zwischen Haut und Sehnsucht

In der Stille zwischen zwei Atemzügen
   finde ich dich, so nah
   dass dein Herzschlag meine Haut durchdringt
   und doch fern wie ein Traum am Morgen

Deine Hände, Landkarten der Macht

erobern mich, Zentimeter um Zentimeter
ich ergebe mich deinem Willen
und finde Freiheit in der Unterwerfung

Du nimmst und ich gebe
   bis die Grenzen verschwimmen
   wie Tinte im Wasser
   wer bin ich, wer bist du?

Im Fallen finde ich Halt
   in deinen Armen, die mich auffangen
   nur um mich wieder loszulassen
   in den Abgrund der Lust

Zwischen Nähe und Distanz
   tanzen wir auf Messers Schneide
   Balance halten in der Ekstase
   bis wir taumeln, fallen, fliegen

In dir verliere ich mich
   und finde mich wieder
   gespiegelt in deinen Augen
   fremd und vertraut zugleich

Wir sind Welle und Ufer
   ewig im Wechselspiel
   von Berührung und Rückzug
   bis wir zerfließen, eins werden mit dem Meer

Gezeiten der Begierde

Wie Wellen am Strand lecken wir aneinander,
du Salzwasser, ich Sand, vermischt und doch
getrennt.
Deine Haut, eine Landkarte unentdeckter Inseln,
lockt meine Hände zu Expeditionen der Lust.

In deinen Augen spiegeln sich fremde Sterne,
Galaxien, die ich nie ganz verstehen werde.
Wir sind wie Mond und Erde, ewig umkreisend,
gezogen von der Schwerkraft des Verlangens.

Unsere Körper verschmelzen wie Honig und Wein,
berauscht taumeln wir an der Grenze des Seins.
Doch selbst im tiefsten Rausch bleibt ein Hauch,
ein Flüstern von Fremdheit, das uns trennt und
lockt.

Du bist der Wald, ich der Wind, der durch dich
streicht,
deine Blätter erzittern, doch ich kann nie bleiben.
In der Glut unserer Leidenschaft werden wir
Asche und Feuer,
verbrennen und erneuern uns in ewigem Tanz.

Wie Wurzeln und Erde verweben sich unsere Körper,
    nähren einander und bleiben doch verschiedene Wesen.
    In der Dunkelheit der Nacht sind wir ein Leuchtkäfer,
    zwei Flügel, ein Licht, das aufblitzt und wieder erlischt.

So treiben wir auf dem Ozean der Begierde,
    mal eins mit der Brandung, mal einsam auf Wellen.
    Die Fremdheit zwischen uns ist der süße Nektar,
    der unseren Durst nie ganz stillt, uns ewig lockt.

Ernte der Leidenschaft

Dein Körper, ein fruchtbares Feld,
    ich der Bauer, der dich bestellen will.
    Meine Hände pflügen deine Haut,
    säen Küsse wie Samenkörner der Lust.

Du bist das Meer, wild und unergründlich,
   ich der Fischer, der nach deinen Tiefen taucht.
   Mein Verlangen, ein Netz aus brennenden
Fasern,
   will dich einfangen, will von dir gefangen sein.

Die Sonne deiner Berührungen wärmt mich,
   lässt die Saat des Begehrens in mir sprießen.
   Wie Weinreben ranken sich meine Arme um
dich,
   durstig nach dem süßen Nektar deiner Haut.

Du bist der Sturm, der meine Sinne peitscht,
   ich das Boot, das sich deinen Wellen hingibt.
   Lass uns treiben auf dem Ozean der Lust,
   bis wir an fremden Ufern der Ekstase stranden.

Unsere Körper reiben wie Feuerstein und Stahl,
   Funken sprühen, entfachen ein loderndes
Inferno.
   Wir verbrennen wie trockenes Sommerstroh,
   verzehrt von den Flammen unserer Leidenschaft.

Der Rausch steigt wie gärender Wein,
   berauscht taumeln wir dem Höhepunkt ent-
gegen.
   Dann bricht es über uns herein wie eine Sturm-
flut,
   reißt uns fort in einen Strudel aus Lust und
Erlösung.

Erschöpft liegen wir auf dem Acker unserer Liebe,
    wie nach einer reichen Ernte, gesättigt und dank-
bar.
    Doch schon keimt in uns die Saat neuen Verlan-
gens,
    bereit für den nächsten Zyklus der Leidenschaft.

Kreislauf der Sehnsucht

In den Zwischenräumen der Zeit
    suche ich nach dir, Phantom der Vollkommen-
heit
    Deine Abwesenheit füllt meine Tage
    wie Nebel, der die Konturen verwischt

Ich baue Luftschlösser aus Erwartungen
    ihre Türme ragen in einen Himmel der Hoffnung
    doch ihre Fundamente sind brüchig
    wie Versprechen, die nie gegeben wurden

Die Uhr tickt, unbarmherzig
    jeder Schlag ein verlorener Herzschlag

während ich warte auf die Erfüllung
einer Prophezeiung, die niemand aussprach

Dann kommst du oder jemand wie du
ein Schatten meiner Träume
für einen Moment scheint alles möglich
die Welt hält den Atem an

Doch die Illusion zerbricht
wie Glas unter der Last der Realität
Scherben von „Was wäre wenn"
schneiden tief in meine Hoffnungen

Ich falle zurück in mich selbst
ein Haus ohne Fenster, ohne Türen
gefangen in der Einsamkeit
die ich zu fliehen suchte

Und doch, wenn der Morgen dämmert
keimt sie wieder, zart und unbelehrbar
die Sehnsucht, meine treue Gefährtin
lädt mich ein zu einem neuen Tanz

So drehe ich mich im Kreis
zwischen Hoffen und Verzweifeln
ein Perpetuum mobile der Gefühle
während das Leben an mir vorüberzieht

Vielleicht ist es die Suche selbst
die mich am Leben hält

vielleicht ist die unerfüllte Sehnsucht
das einzig Beständige in dieser flüchtigen Welt

Gedankenlabyrinthe

In den Kammern meines Kopfes
    wuchern Gedanken wie wilder Wein
    ranken sich um jede Sekunde
    ersticken das zarte Pflänzchen Gegenwart

Sorgen nisten in den Ritzen der Zeit
    brüten Ängste aus, die nie schlüpfen
    ihre Schatten verdunkeln den Tag
    noch bevor die Sonne aufgeht

Grübeln, ein Mühlstein um meinen Hals
    zieht mich hinab in trübe Gewässer
    wo Probleme wie Seerosen blühen
    ihre Wurzeln tief im Schlamm der Vergangenheit

Die Uhr tickt unbarmherzig
    jeder Schlag ein verlorener Atemzug
    während ich gefangen bin
    im Labyrinth meiner Gedanken

Das Leben rauscht vorbei
   wie ein Fluss an einem Felsen
   ich stehe still, versteinert
   von Fragen ohne Antworten

Draußen tanzt der Wind mit Blättern
   Vögel singen Lieder von Freiheit
   doch ich höre nur das Echo
   meiner kreisenden Gedanken

Wann werde ich lernen
   den Moment zu umarmen
   statt ihn zu sezieren
   mit dem Skalpell der Analyse?

Vielleicht ist Lebendigkeit
   das Gegenteil von Grübeln
   vielleicht ist Sein
   mehr als nur Denken

Doch selbst dieser Gedanke
   ist nur eine weitere Schleife
   im endlosen Band des Denkens
   das mich fesselt und mich ausmacht

Gedankenkreisel

Wir denken
  also sind wir
  oder sind wir nicht?

Gedanken kreisen
  wie Geier über Aas
  fressen unsere Zeit

Wir sorgen uns
  um das Morgen
  und verpassen das Heute

Grübeln gräbt Furchen
  in unsere Stirn
  nicht in die Zukunft

Probleme wachsen
  in unseren Köpfen
  nicht in der Wirklichkeit

Wir leben nicht
  wir denken nur
  dass wir leben

Die Uhr tickt
während wir nachdenken
über das Ticken der Uhr

Sorgen sind Diebe
sie stehlen das Jetzt
für ein Vielleicht

Wir denken zu viel
und fühlen zu wenig
das Leben rinnt durch unsere Finger

Vielleicht sollten wir
weniger denken
und mehr sein

Denn am Ende
zählen nicht die Gedanken
sondern die gelebten Momente

Lass uns aufhören zu denken
und anfangen zu leben
bevor das Leben aufhört

Augenblicke des Seins

Das Leben
    ein Wunder vor unseren Augen
    sehen wir es?

Ein Grashalm
    durchbricht den Asphalt
    Rebellion der Schönheit

Der Morgentau
    Diamanten auf Spinnweben
    vergänglicher Schmuck der Natur

Wolken ziehen
    Gedanken des Himmels
    frei und ungebunden

Wir atmen
    ohne zu denken
    das größte Geschenk

Die Sonne geht auf
    jeden Tag aufs Neue
    unermüdliche Hoffnung

Vögel singen
  ohne Angst vor morgen
  eine Lektion in Leichtigkeit

Wir sind
  aus Sternenstaub gemacht
  und vergessen es

Sorgen sind Scheuklappen
  sie verdecken die Aussicht
  auf das Wunder um uns

Die Natur flüstert
  „Schau genau hin"
  hören wir zu?

Leben ist jetzt
  nicht gestern, nicht morgen
  in diesem Atemzug

Lass uns die Brille abnehmen
  die Welt mit offenen Augen sehen
  zum ersten Mal

Denn Schönheit ist überall
  wir müssen nur
  unsere Augen öffnen

Und vielleicht entdecken wir dann

dass wir selbst
das größte Wunder sind

Sein oder Ist

Sein
   braucht kein Bewusstsein
   es ist einfach

Ist
   definiert und begrenzt
   Sein kennt keine Grenzen

Wir sind
   bevor wir wissen
   dass wir sind

Das Ist
   ein Etikett
   das Sein ein Fluss

Bewusstsein denkt
   das Sein atmet

ohne zu denken

Ist
    ist eine Momentaufnahme
    Sein ein endloser Film

Wir versuchen zu sein
    indem wir definieren
    was wir sind

Doch das wahre Sein
    liegt jenseits
    aller Definitionen

Ist
    ist die Sprache der Logik
    Sein die Sprache des Lebens

Vielleicht müssen wir
    aufhören zu sein
    um wirklich zu sein

Denn das Sein
    braucht kein Ist
    um zu existieren

Es genügt
    einfach zu sein
    ohne zu wissen wie oder warum

Der Suchende

Wer sucht
  verliert sich selbst
  in Labyrinthen des Denkens

Glück ist kein Schatz
  den man ausgraben muss
  es liegt offen vor uns

Wir sind
  von Natur aus glücklich
  bis wir anfangen zu suchen

Die Suche
  ist der Schatten
  den wir selbst werfen

Wer das Glück sucht
  übersieht es
  in jedem Atemzug

Anstrengung

ist der Feind der Freude
Leichtigkeit ihr Freund

Wir graben Tunnel
um den Himmel zu finden
der über uns leuchtet

Das Glück wartet nicht
am Ende des Weges
es ist der Weg selbst

Vielleicht müssen wir
aufhören zu suchen
um zu finden

Denn wer nicht sucht
hat schon gefunden
das Sein im Jetzt

Glück ist kein Ziel
sondern die Art
wie wir gehen

Lass uns aufhören zu suchen
und anfangen zu sein
glücklich ohne Grund

Jagd nach Schatten

Wir jagen
   nach Dingen die glänzen
   um unseren Glanz zu finden

Wir sammeln
   Teile eines Puzzles
   das schon vollständig ist

Wir suchen außen
   was innen schon wartet
   unentdeckt und vollkommen

„Wenn nur" und „Falls doch"
   sind Ketten
   die wir selbst schmieden

Perfektion
   ist kein fernes Ziel
   sondern unser Wesen

Wir sind Wunder
   die sich für mangelhaft halten
   aus Gewohnheit

Vollständigkeit
    braucht keine Ergänzung
    sie ist

Vielleicht müssen wir
    nur die Augen schließen
    um zu sehen wer wir sind

Glaube an deine Ganzheit
    und du wirst ganz
    ohne einen Schritt zu tun

Das Wunder bist du
    nicht was du zu sein versuchst
    sondern was du bist

Lass uns aufhören zu jagen
    und anfangen zu sein
    das Wunder das wir suchen

Liebe ist

Liebe ist nicht

was du denkst
sie ist
was du fühlst

Sie kommt leise
    wie Morgentau
    und geht laut
    wie ein Sturm

Sie ist Anfang und Ende zugleich
    ein Kreis
    der sich schließt

Liebe fragt nicht
    sie antwortet
    mit Schweigen
    und Schreien

Sie ist da
    wenn du sie nicht suchst
    und fort
    wenn du sie rufst

Liebe ist
    was bleibt
    wenn alles andere
    vergeht

Liebe ist 1

Nicht nur Honig und Rosen
   Sie ist auch
   der Dorn der sticht
   und die Biene die summt

Liebe ist
   nicht nur Lachen und Küsse
   Sie ist auch
   die Träne die fällt
   und das Herz das bricht

Liebe ist
   nicht nur du und ich
   Sie ist auch
   das Wir das wächst
   und das Ich das vergeht

Liebe ist
   nicht nur ein Wort
   Sie ist alles
   was uns trägt
   und was uns zerbricht

Ich liebe dich

Nicht weil du perfekt bist
   sondern weil du es nicht bist

Ich liebe dich
   nicht nur wenn du lächelst
   sondern auch wenn du weinst

Ich liebe dich
   nicht für das, was du sein könntest
   sondern für das, was du bist

Ich liebe dich
   nicht weil ich muss
   sondern weil ich will

Ich liebe dich
   nicht mit Worten allein
   sondern mit allem was ich bin

Was die Liebe stark macht

Vertrauen macht die Liebe stark
  Misstrauen macht sie schwach

Freiheit macht die Liebe stark
  Kontrolle macht sie schwach

Lachen macht die Liebe stark
  Spott macht sie schwach

Ehrlichkeit macht die Liebe stark
  Lügen machen sie schwach

Verzeihen macht die Liebe stark
  Nachtragen macht sie schwach

Mut macht die Liebe stark
  Angst macht sie schwach

Wachsen macht die Liebe stark
  Stillstand macht sie schwach

Zuhören macht die Liebe stark
  Schweigen macht sie schwach

Die Liebe selbst
  macht die Liebe stark
  Alles andere
  macht sie schwach

Liebeserklärung

Du bist nicht meine erste Liebe
  aber du bist meine letzte

Du bist nicht vollkommen
  aber vollkommen für mich

Du bist nicht mein ganzes Leben
  aber du machst mein Leben ganz

Du bist nicht immer einfach
  aber du bist einfach alles

Du bist nicht mein Besitz
  aber ich gehöre zu dir

Du bist nicht nur meine Gegenwart

du bist meine Zukunft

Du bist nicht nur meine Frau
du bist mein Zuhause

Ich liebe dich
nicht weil ich muss
sondern weil ich ohne dich
nicht ich sein kann

Aushalten

Aushalten
ist nicht Nichtstun
sondern das schwerste Tun

Aushalten ist nicht Aufgeben
sondern Weiterleben

Aushalten
heißt nicht Ja sagen
zu dem was schmerzt
sondern Nein sagen
zum Zerbrechen

Aushalten
ist kein Heldentum
sondern oft die einzige Möglichkeit

Aushalten
macht nicht glücklich
aber manchmal stark

Aushalten
ist keine Lösung
aber manchmal der Weg dorthin

Wer aushält
hofft vielleicht noch
Wer hofft
hält vielleicht aus

Aushalten
bis es besser wird
oder bis wir besser werden
im Aushalten

Sorgenkreisel

Warum sorgt man sich
　　Weil man denkt man schafft die Zukunft nicht
　　Kein Mensch ist an der Zukunft gestorben
　　Schon an den Sorgen

Gedanken kreisen wie Geier
　　Über dem Kadaver der Hoffnung
　　Sie nähren sich von Ängsten
　　Die wir selbst erschaffen

Grübeln ist ein Labyrinth
　　Ohne Ausgang ohne Eingang
　　Wir irren umher in Gedankengängen
　　Die nirgendwo hinführen

Die Sorge flüstert: „Was wäre wenn?"
　　Die Vernunft antwortet: „Was ist jetzt?"
　　Doch wir hören nur
　　Das Echo unserer Befürchtungen

Sorgen sind Diebe
　　Sie stehlen die Gegenwart
　　Um eine Zukunft zu fürchten
　　Die vielleicht nie kommt

Wer aufhört zu grübeln
　　Fängt an zu leben
　　Wer aufhört, sich zu sorgen
　　Fängt an zu sein

Das gute Leben

Wir haben Brot
Andere hungern

Wir haben ein Dach
Andere frieren

Wir haben Freiheit
Andere sind gefangen

Wir haben Liebe
Andere sind einsam

Doch wir sehen nur
Was uns fehlt

Wir jagen Sorgen
Wie Schatten

Wir fürchten morgen
Statt heute zu leben

Blind für das Gute
Taub für die Freude

Bis wir erkennen:
   Das gute Leben
   Ist nicht dort
   Sondern hier

Nicht morgen
   Sondern jetzt

In unseren Händen
   In unseren Herzen

Ein Geschenk
   Das wir nur öffnen müssen

Ein gutes Leben

Was bleibt
   wenn du die Sorgen subtrahierst?
   Der Atem zwischen den Ängsten
   Das Lächeln in der Warteschlange
   Die unerwartete Freundlichkeit eines Fremden

Was wächst
   wenn du die Furcht dividierst?

Der Mut zum ersten Schritt
Die Freude am Unperfekten
Die Bereitschaft zu lieben trotz allem

Was erblüht
    wenn du die Zweifel wurzelst?
    Die Kraft deiner Träume
    Der Zauber des Augenblicks
    Die Weisheit des Loslassens

Ein gutes Leben
    ist vielleicht nichts Großes
    Nur du
    minus deiner Selbstzweifel
    plus der Erkenntnis
    dass du genug bist
    genau so wie du bist

Die Welt neu sehen

Nimm die Brille ab
    die alles grau färbt
    Lass los die Linsen der Angst
    die die Welt verzerren

Sieh mit Kinderaugen
das Wunder des Alltags
Ein Regenbogen im Tautropfen
Ein Universum im Sandkorn

Staune über das Gewöhnliche
das plötzlich außergewöhnlich wird
Die Melodie des Windes
Das Lächeln eines Fremden

Begeisterung ist der Schlüssel
der die Tür zur Schönheit öffnet
Was gestern noch Last war
wird heute zum Geschenk

Die Welt war immer schön
Du hast es nur vergessen
Jetzt erinnerst du dich wieder
Und alles beginnt zu leuchten

Missmut

Schlechte Laune
   ist ansteckender als Lachen
   Sie kriecht unter die Haut
   nistet sich ein in den Gedanken

Ein mürrisches Gesicht
   vergiftet die Luft
   die wir alle atmen
   macht den Tag grau

Wer ständig klagt
   stiehlt nicht nur sich selbst die Freude
   sondern allen um sich herum
   ein Stück Sonnenschein

Halte Abstand
   von den Propheten des Untergangs

Sie sehen nur Schatten
wo Licht sein könnte

Aber vergiss nicht:
Auch der Miesepeter
war einmal ein Kind
das zu lachen wusste

Vielleicht ist Mitgefühl
das beste Gegengift
für den Missmut der anderen
und den Eigenen

Jammerblues

Sie jammern im Chor eine Symphonie der Klagen
Jeder ein Solist im Orchester des Elends
Die Welt ist schlecht das Leben ungerecht sagen
sie und nicken einander bestätigend zu
Ihr Jammer hallt von Wand zu Wand ein Echo
der Unzufriedenheit das nie verklingt
Sie finden Trost in geteiltem Leid doch der
Trost ist eine Falle
Denn wer nur jammert bleibt stehen während die
Welt sich weiterdreht

Ist es nicht seltsam dass sie lieber klagen als zu ändern was sie beklagen?

Der Jammerblues eine Melodie ohne Ende ein Tanz auf der Stelle im Kreis der Verzweiflung Doch was wäre wenn sie aufhörten zu singen und anfingen zu handeln?

Welche Musik würden sie dann machen?

Freitag

Müde Augen
   Wacher Geist

Schwere Beine leichter Schritt

Graue Wolken
   Bunte Träume

Tick der Uhr
   Tack des Herzens

Lastender Alltag
   Flügel der Hoffnung

Zwischen Pflicht und Freiheit

Tanzt der Tag

Am Horizont
   Ein Lächeln namens Wochenende

Samstagsarbeit

Andere schlafen
   Du stehst auf

Andere träumen
   Du handelst

Draußen noch dunkel
   Drinnen dein Licht

Kaffee bitter
   Entschlossenheit süß

Leere Straßen
   Voller Kopf

Arbeit wartet
   Du kommst

Wochenende opfern
  Zukunft gewinnen

Müdigkeit nagt
  Stolz wächst

Andere faulenzen
  Du erschaffst

Samstag verloren?
  Leben gewonnen

Samstag

Grauer Morgen
  Heller Tag

Schwere Glieder leichter Sinn

Kaffeeduft weckt
  Träume schlummern noch

Die Woche lastet
  Der Tag befreit

Pflichten rufen leise
  Möglichkeiten locken laut

Zwischen Sofa und Abenteuer
  Zwischen Ruhe und Tatendrang

Du zögerst
  Du springst

Die Welt wartet
  Nicht auf dich
  Aber mit dir

Dieser Tag
  Ist dein Geschenk
  An dich selbst

Thermetag

Wasser warm, Luft feucht
  Außen kalt, innen geborgen

Dampf steigt, Sorgen sinken
  Zeit fließt, Stunden stehen still

Sie lacht, Augen funkeln
Blasen sprudeln, Gedanken schweben

Sauna heiß, Haut prickelt
Eiswürfel kalt, Nerven tanzen

Ruheraum dunkel, Herzen hell
Hände finden sich, Worte überflüssig

Massagen lösen, was gebunden war
Berührungen binden, was gelöst war

Draußen Alltag, drinnen Auszeit
Gestern vergessen, Morgen fern

Nur Jetzt
Nur Wir
Perfekt

Feuer der Sehnsucht

Deine Stimme - Honig für meine Ohren
Dein Lächeln - Sonnenschein an trüben Tagen
Deine Augen - Sterne in dunkler Nacht
Deine Träume - Flügel für meine Fantasie

Ich brenne für dich
  Wie ein Stern am Firmament
  Still und stetig
  Aus weiter Ferne

Du bist nah
  Und doch unerreichbar
  Wie der Mond am Horizont
  Greifbar und doch fern

Deine Schönheit verzaubert mich
  Deine Kreativität inspiriert mich
  Dein Wesen erfüllt mich
  Mit Sehnsucht und Bewunderung

Ich begehre dich
  Nicht nur deinen Körper
  Sondern dein ganzes Sein
  Geist, Herz und Seele

In dir sehe ich Was ich nie zu träumen wagte
  Du bist der Funke
  Der mein Herz entflammt

Und selbst wenn ich verbrenne
  In diesem Feuer der Leidenschaft
  War es das wert
  Dich geliebt zu haben

Herbstliche Wandlung

Grün wird zu Gold
  Leben zu Vergehen
  Wärme zu Kühle
  Tag zu Nacht

Blätter fallen
  Wie Erinnerungen
  Bunt und vergänglich
  Schön im Sterben

Der Wind flüstert
  Von Veränderung
  Von Loslassen
  Von neuem Beginn

Nebel verhüllt
  Was vertraut war
  Macht Bekanntes fremd
  Öffnet neue Perspektiven

Die Natur zieht sich zurück
  In ihre stille Kammer
  Sammelt Kraft

Für den nächsten Frühling

Der Herbst lehrt uns:
    Ende ist Anfang
    Vergehen ist Werden
    Tod ist Leben

Und in der Melancholie Der fallenden Blätter
    Finden wir überraschend
    Die Schönheit des Wandels

Liebesschwermut

Liebe ist süß
    und bitter zugleich
    wie dunkle Schokolade
    auf der Zunge

Liebe ist hell
    und dunkel zugleich
    wie Mondlicht
    das durch Wolken bricht

Liebe ist nah
    und fern zugleich

wie ein Echo
das nie verstummt

Liebe ist Wärme
und Kälte zugleich
wie ein Feuer
das nicht wärmt

Liebe ist Lachen
und Weinen zugleich
wie ein Clown
mit einer Träne im Auge

Liebe ist Sehnsucht
und Erfüllung zugleich
wie ein Traum
aus dem man nicht erwachen will

Liebe ist Leben
und Tod zugleich
wie eine Rose
die blüht und welkt

Doch in der Melancholie
liegt auch Schönheit
wie in der Dämmerung
die Nacht und Tag verbindet

Augustende

Die Sonne strahlt
  der Himmel blau
  doch die Luft
  flüstert von Veränderung

Grüne Blätter
  zittern leise
  als ahnten sie
  ihr nahes Ende

Sommerduft
  mischt sich
  mit einem Hauch
  von Herbst

Kinder lachen
  auf dem Spielplatz
  ihre Stimmen
  klingen schon nach Schule

Die Tage
  werden kürzer
  die Nächte
  länger

Der Sommer
  gibt sein letztes Konzert
  der Herbst
  stimmt schon seine Instrumente

In diesem Zwischenraum
　　der Jahreszeiten
　　atmet die Welt
　　einen Moment inne

Und wir mit ihr
　　zwischen Wehmut und Vorfreude
　　bereit loszulassen
　　und Neues zu empfangen

Warum ich dich liebe

Ich liebe dich
　　nicht weil du perfekt bist
　　sondern weil du echt bist

Ich liebe dich
　　nicht für dein Lächeln
　　sondern für die Traurigkeit dahinter

Ich liebe dich
　　nicht für deine Stärke
　　sondern für deine Verletzlichkeit

Ich liebe dich

nicht für deine Worte
sondern für dein Schweigen

Ich liebe dich
nicht weil du mich vollständig machst
sondern weil du mich ganz sein lässt

Ich liebe dich
nicht trotz deiner Fehler
sondern mit ihnen

Ich liebe dich
nicht weil ich muss
sondern weil ich wähle

Ich liebe dich
einfach weil du du bist
und ich ich bin

Bis zum Ende

Ich liebe dich bis zum Ende
Nicht weil die Zeit stillsteht
Sondern weil sie uns formt

Ich liebe dich bis zum Ende
  Nicht weil wir unfehlbar sind
  Sondern weil wir vergeben können

Ich liebe dich bis zum Ende
  Nicht weil es immer leicht ist
  Sondern weil es immer lohnt

Ich liebe dich bis zum Ende
  Nicht aus Gewohnheit
  Sondern aus täglicher Entscheidung

Ich liebe dich bis zum Ende
  Nicht weil wir gleich bleiben
  Sondern weil wir uns neu entdecken

Ich liebe dich bis zum Ende
  Nicht aus Angst vor dem Alleinsein
  Sondern aus Freude am Zusammensein

Bis zum Ende
  Das kein Abschied ist
  Sondern ein Übergang in etwas Größeres

Gelassenheit

Gelassenheit ist nicht Gleichgültigkeit
    Sie ist Akzeptanz
    des Unveränderlichen

Gelassenheit ist nicht Passivität
    Sie ist die Ruhe
    im Auge des Sturms

Gelassenheit ist nicht Resignation
    Sie ist die Weisheit
    loszulassen was uns festhält

Gelassenheit ist nicht Gefühllosigkeit
    Sie ist die Fähigkeit
    Gefühle zu haben, ohne von ihnen beherrscht zu
werden

Gelassenheit ist nicht Schwäche
    Sie ist die Stärke
    dem Leben zu begegnen wie es ist

Gelassenheit ist nicht Flucht
    Sie ist die Kunst

im Jetzt zu leben

Gelassenheit ist nicht das Ziel
　Sie ist der Weg
　zur inneren Freiheit

Gelassenheit ist nicht erreichbar
　Sie ist erlebbar
　in jedem Atemzug

Gelassenheit führt zur Zufriedenheit
　Nicht weil sie alles gut macht
　Sondern weil sie uns lehrt
　Das Gute in allem zu sehen

Warum ich dich begehre

Ich begehre dich
　Nicht weil du perfekt bist
　sondern weil du echt bist

Ich will dich
　nicht weil du makellos bist
　sondern weil deine Narben Geschichten erzählen

Ich sehne mich nach dir
　nicht weil du nie Fehler machst

sondern weil du zu ihnen stehst

Ich brauche dich
    nicht weil du mich vollständig machst
    sondern weil du mich herausforderst ganz zu
sein

Ich begehre dich
    weil du du bist

Alltags-Wahnsinn

Wir rennen im Kreis
    und nennen es Fortschritt

Wir starren auf Bildschirme
    und nennen es Kommunikation

Wir häufen Dinge an
    und nennen es Erfolg

Wir ignorieren die Natur
    und nennen es Zivilisation

Wir hetzen durch die Zeit
und nennen es Leben

Wir schweigen zueinander
und nennen es Frieden

Wir zerstören unsere Umwelt
und nennen es Wirtschaft

Wir vereinsamen in Massen
und nennen es Gesellschaft

Wir wiederholen diesen Wahnsinn täglich
und nennen es Normalität

Doch manchmal
halten wir inne
lächeln einem Fremden zu
und nennen es Menschlichkeit

Wagnisse des Lebens

Wir sitzen sicher
und verpassen das Abenteuer

Wir schweigen bequem
und verlieren unsere Stimme

Wir träumen vorsichtig
und vergessen zu leben

Wir planen die Zukunft
und versäumen die Gegenwart

Wir fürchten das Scheitern
und verhindern den Erfolg

Wir sparen die Zeit
als wäre sie unendlich

Wir schonen uns heute
für ein Morgen, das nie kommt

Wir zögern zu lieben
aus Angst vor dem Schmerz

Doch das Leben ist kurz
zu kurz für Vorsicht
zu kostbar für Angst
zu wertvoll für Zweifel

Warum also nicht?
Springen statt stehen
Rufen statt flüstern
Handeln statt warten

Leben statt existieren

Denn am Ende
    bereuen wir nicht, was wir wagten
    sondern was wir nie versuchten

Sonntags-Dämmerung

Sonnenlicht verblasst
    Schatten wachsen
    Stille breitet sich aus

Wochenende zerrinnt
    wie Sand in der Uhr
    Montag lauert

Freizeit schwindet
    Pflicht erwacht
    Seufzer in der Luft

Doch in der Dämmerung
    flüstert eine Stimme:
    Jeder Tag ist kostbar

Selbst Montage

tragen Sonnenaufgänge
in ihren Taschen

Verlorenes Ich

Ich habe mich verloren
   in den Straßen der Erwartungen
   in den Wäldern der Zweifel

Wo soll ich suchen?
   In Spiegeln der Vergangenheit?
   Oder Träumen der Zukunft?

Wer wird mich vermissen?
   Der, der ich war?
   Oder der, der ich sein könnte?

Vielleicht finde ich mich
   dort, wo ich aufhöre zu suchen
   und anfange zu sein

In der Stille zwischen den Gedanken
   wartet mein wahres Ich
   geduldig auf meine Rückkehr

Verlorenes Ich 1

In den Spiegeln der Stadt
    suche ich mein Gesicht
    finde nur Fragmente, Schatten

Zwischen Häuserschluchten
    hallt mein Name
    ohne Antwort

Wer wird die Leere füllen
    wenn ich verschwinde?
    Der Wind in den Gassen vielleicht

Vögel ziehen vorüber
    kennen kein Zuhause
    tragen Freiheit in den Flügeln

Vielleicht muss ich mich nicht finden
    sondern neu erschaffen

Aus Worten und Träumen
    eine Heimat bauen
    jenseits verlorener Pfade

Zukunftsbausteine

Zukunft besteht aus Träumen
    die wir wagen zu träumen
    und aus Albträumen
    die wir zu wandeln lernen

Zukunft besteht aus Machen
    aus Händen die formen
    aus Geist, der plant
    aus Herz, das wagt

Zukunft besteht aus Sein
    aus Atmen im Jetzt
    aus Wurzeln schlagen
    im Boden der Gegenwart

Doch wahre Zukunft
    ist mehr als die Summe
    sie ist der Tanz
    zwischen Traum und Tat

Ein ewiges Werden
    das nie vollendet
    und gerade darin

seine Vollendung findet

Verloren in dir

In den Labyrinthen deiner Augen
verliere ich mich, Ariadnefaden zerrissen
Echos meiner Schritte in leeren Korridoren

Deine Haut – eine Landkarte
die ich nicht lesen kann
Berge und Täler unbekannter Gefühle

Worte zerschellen an Klippen des Schweigens
Buchstaben treiben wie Treibgut
auf dem Meer deiner Unergründlichkeit

In deinen Armen bin ich heimatlos
ein Nomade ohne Zelt
unter dem weiten Himmel deiner Seele

Vielleicht ist Verlorengehen
die einzige Art sich zu finden
in den Tiefen eines anderen Ichs

Zwischen deinen Herzschlägen
finde ich einen Rhythmus
der mich neu erschafft

Verlorene Aufmerksamkeit

Aufmerksamkeit
einst ein scharfes Messer
jetzt stumpf wie alte Münzen

Gedanken flattern
wie aufgescheuchte Vögel
von Ast zu Ast

Konzentration
ein ferner Kontinent
unerreichbar geworden

Ablenkung das neue Zuhause
bequem und leer

Doch zwischen den Trümmern
der verlorenen Fokussierung
keimt eine neue Kraft

Vielleicht ist Zerstreutheit
    nur ein anderes Wort
    für grenzenlose Möglichkeiten

Und in der Weite des Geistes
    wartet eine tiefere Achtsamkeit
    die alles umfasst

Liebesgründe

In den Zwischenräumen der Stille
    finde ich dich, ein Echo meiner selbst
    Deine Worte - Brücken über Abgründe

Deine Augen spiegeln Welten
    die ich noch nicht kenne
    aber zu bereisen wage

Du bist die Frage
    auf die ich keine Antwort weiß
    und gerade deshalb liebe

In deiner Nähe werden Schatten greifbar
    Ängste zu Vögeln, die davonfliegen

in den Himmel unserer Möglichkeiten

Ich liebe dich
    weil du die Wunden der Zeit
    in Poesie verwandelst

Weil in deinen Händen
    die Zukunft ein Zuhause findet
    das ich mitgestalten darf

Bei dir sein

Nicht weil ich schwach bin
    Sondern weil wir stark sind

Nicht weil ich dich brauche
    Sondern weil wir uns ergänzen

Nicht um mich zu verlieren
    Sondern um uns zu finden

Ich möchte bei dir sein
    Weil wir zusammen gehören

Wie Tag und Nacht
  Wie Erde und Himmel

Zwei Teile eines Ganzen
  In Freiheit verbunden

Mit Dir

Nicht aus Not
  sondern aus Wahl
  Nicht um zu halten
  sondern um zu teilen

Deine Hand in meiner wie Wurzeln im Erdreich
  Dein Atem neben mir
  wie Wind in den Segeln

Zwei Sterne
  die gemeinsam leuchten
  Zwei Töne, die zusammen klingen

Nicht weil ich dich brauche
  sondern weil wir uns ergänzen
  Nicht um vollständig zu werden

sondern um ganz zu sein

Bei dir
   mit dir
   neben dir
   Weil wir zusammengehören

Liebe endet immer

Zarte Blicke, flüchtige Berührungen -
   Ein Tanz beginnt auf dünnem Eis.
   Worte wie Schmetterlinge, zerbrechlich und schön.

Feuer entflammt, verzehrt uns ganz.
   Wir brennen lichterloh, zwei Sterne am Nachthimmel.
   Zeit schmilzt wie Wachs.

Doch Flammen erlöschen,
   Asche bleibt zurück.
   Stille kriecht ein, kalt wie Nebel.
   Erinnerungen erstarren.

Was bleibt von der Glut?

Ein Flüstern im Wind,
ein Schatten an der Wand.
Die Liebe geht, wir bleiben allein.

Ewiger Tanz

.

Das Sein
    ein Atemzug des Universums
    Vergehen und Werden
    in endloser Umarmung

Nichts verschwindet ganz
    alles wandelt sich nur
    Staub zu Sternen
    Sternen zu Staub

Leben stirbt
    um neu zu erblühen
    aus der Asche des Alten
    wächst zarte Hoffnung

Der Tod
    kein Ende
    nur Wandlung
    in neue Form

Wir sind
Wellen im Ozean der Zeit
steigen auf, vergehen
und kehren zurück zum Ursprung

Alles fließt
in ewigem Kreislauf
nichts bleibt
und doch bleibt alles

Das Nichts gebiert das Alles
das Alles kehrt zum Nichts
um wieder aufzuerstehen
im Tanz der Schöpfung

Lebenskunst

Leben heißt sterben lernen
Tag für Tag
Stunde um Stunde
Atemzug um Atemzug

Wer das Leben verschlingt

wie reife Früchte
dem schmeckt der Tod
nicht bitter

Wer tanzt
solange die Musik spielt
der geht aufrecht
wenn sie verstummt

Doch wer spart und hortet
verschließt sein Herz
dem Leben
und der Liebe

Der fürchtet den Tod
als Dieb seiner Träume
die er nie zu leben wagte
aus Angst vor dem Verlust

Aber der Tod fragt nicht
er nimmt
das Gelebte
und das Ungelebte gleich

Darum lebe jetzt
verschwende dich
an den Moment
denn er kommt nie wieder

Wer stirbt

bevor er stirbt
stirbt nicht
wenn er stirbt

Warum ich dich liebe

In deinen Augen finde ich mich,
verloren und gefunden zugleich.
Deine Stimme, ein Echo meiner Seele,
flüstert Wahrheiten, die ich nicht kannte.

Zwischen deinen Händen
zerbricht meine Einsamkeit.
Du bist die Frage und die Antwort,
mein Abgrund und mein Flügel.

In dir erkenne ich
die Welt und mich selbst,
gebrochen und ganz.

Einsamkeit als Krankheit

Einsamkeit frisst die Seele
    wie Rost das Eisen
    langsam, stetig, unerbittlich

Sie nagt an Herz und Geist
    höhlt aus, was einst voll war
    lässt Träume verdorren

Wer allein ist
    altert schneller
    als die Uhr tickt

Ohne Berührung welkt die Haut
    ohne Gespräch verstummt der Geist
    ohne Liebe erkaltet das Blut

Einsamkeit
    die lautlose Seuche unserer Zeit
    tödlicher als jeder Virus

Herzensklang

Dein Lächeln - Morgensonne auf meiner Haut.
Deine Stimme - Melodie in meiner Stille.
Deine Berührung - Heimat für meine Seele.
Mit dir atme ich Farben,
träume ich Symphonien.
Du bist mein Herzschlag.

Zehn Arten zu lieben

Ich atme dich
Ich träume dich
Ich lache dich

Ich schweige dich
Ich tanze dich
Ich weine dich

Ich denke dich
  Ich fühle dich
  Ich lebe dich

Und wenn alle Worte versiegen
  Liebe ich dich einfach

Jede Geste eine Liebeserklärung
  Jedes Schweigen ein Gedicht
  Jeder Blick ein Versprechen

In deiner Nähe bin ich mehr ich
  In deiner Ferne bist du mir näher
  Als ich mir selbst

Du bist meine Frage
  Und meine Antwort
  Mein Anfang und mein Ende

Ich liebe dich
  In jeder Sprache des Herzens
  In jedem Rhythmus der Zeit

Gefesselt

Alte Ketten um meine Füße
    Gedanken wie Mauern um mich
    Gestern bestimmt mein Heute
    Gewohnheit hält mich gefangen

Ich will frei sein
    doch Angst lähmt meine Schritte
    Vertrautes bindet
    Neues erschreckt

Wie losreißen
    ohne zu stolpern?
    Wie loslassen, ohne ins Leere zu fallen?

Vielleicht
    ist Freiheit nicht das Fehlen von Ketten
    sondern der Mut
    den ersten Schritt zu wagen

Vielleicht ist Fallen nicht das Ende
    sondern der Beginn
    des Fliegens

Wem soll ich trauen?

Dem Herzen, das wild schlägt
  Oder dem Kopf, der kühl denkt?

Den Schmetterlingen im Bauch Oder den Zweifeln
im Verstand?

Der Intuition, die flüstert
  Oder der Logik, die argumentiert?

Gefühle - flüchtig wie Wolken
  Gedanken - fest wie Felsen

Das Herz - ein blindes Kind
  Der Verstand - ein alter Weiser

Doch was, wenn das Herz sieht
  Was der Verstand nicht kann?

Und der Verstand versteht
  Was das Herz nicht will?

Vielleicht liegt die Wahrheit
  In der Mitte dazwischen

Graue Strähnen

Silberne Weisheit

Falten im Gesicht
  Lachende Landkarten

Langsame Schritte
  Tänzerische Würde

Müde Augen
  Funkelnde Sterne

Zitternde Hände
  Sanfte Berührungen

Leise Stimme
  Donnernde Erfahrung

Gebeugte Schultern
  Aufrechter Stolz

Vergesslichkeit
  Unvergessliche Geschichten

Zerbrechlicher Körper

Unzerbrechlicher Geist

Alte Frau?
  Zeitlose Schönheit

Wo Gefühl und Vernunft
  Sich die Hände reichen

Und gemeinsam tanzen
  Im Rhythmus des Lebens

Schönheit

Die Welt ist rau und sanft zugleich
  Dornen und Blüten an einem Zweig

Eine Rose öffnet sich dem Licht
  Zart und stark - sie bricht nicht

Dein Lächeln wie Morgensonne
  Deine Augen tief wie Brunnen

Schönheit in Kontrasten vereint
  Hart und weich, lacht und weint

Das Vollkommene im Unvollkommenen
Das Ewige im Vergänglichen

Alles ist schön
Wenn wir es nur sehen

Nachtflüstern

Im Dunkel der Nacht,
wo Schatten sich dehnen,
finden unsere Hände sich blind.

Sternenlicht sickert
durch geschlossene Lider,
malt Träume auf unsere Haut.

Die Stille atmet,
ein lebendiges Wesen,
zwischen uns, um uns, in uns.

Nähe, ein zarter Schleier,
hüllt uns ein,
trennt uns von der Welt.

Doch selbst hier,

im engsten Kreis der Nacht,
bleibt Einsamkeit unser treuer Gefährte.

Zwiegespräch der Körper

Du, Mann, bist Fels und Brandung,
  ich, Frau, bin Sand und Schaum.
Wir treffen uns am Ufer,
  wo Erde küsst den Traum.

Deine Hände, rauh wie Rinde,
  meine Haut, ein Blütenblatt.
In der Stille unsrer Nähe
  wird selbst das Schweigen satt.

Zwischen uns ein Fluss aus Sehnsucht,
  der durch beide Leiber rinnt.
Worte werden überflüssig,
  wenn Blick in Blick zerrinnt.

Doch auch in engster Umarmung
  bleibt ein Abgrund unüberbrückt.
Mann und Frau, zwei fremde Welten,
  für einen Moment verrückt.

So tanzen wir am Abgrund,
    du Sonne und ich Mond,
    in ewigem Kreisen begriffen,
    bis uns das Sein belohnt.

Herrschaft und Hilflosigkeit

Macht thront auf Stühlen aus Stahl,
    Ohnmacht kriecht über zerbrochenes Glas.
    Zwischen ihnen: ein Abgrund aus Worten,
    geschliffen zu Klingen, vergiftet mit Hass.

Die Mächtigen bauen Türme aus Lügen,
    die Ohnmächtigen graben Gräben der Angst.
    Doch wer ist Herr, wer ist Knecht
    in diesem Spiel ohne Anfang und Ende?

Macht trägt Kronen aus Papier,
    Ohnmacht Ketten aus Fleisch und Blut.
    Doch selbst der höchste Thron wankt,
    wenn die Stille schreit und der Staub sich erhebt.

In den Straßen tanzt die Revolution,

barfuß auf glühenden Kohlen der Zeit.
Gestern noch Bettler, heute Könige,
morgen schon Asche im Wind der Geschichte.

Macht und Ohnmacht, zwei Seiten
einer Münze, die durch die Epochen rollt.
Wer sie fängt, hält für einen Moment
das Schicksal der Welt in zitternden Händen.

Ewigkeitsversprechen

Wir bauen Schlösser aus Sand,
dem Meer zum Trotz,
und schwören bei Sternen,
die längst erloschen sind.

Die Liebe flüstert: Für immer,
ein Echo in leeren Hallen.
Wir glauben, weil wir müssen,
weil Zweifel zu schwer wiegt.

Doch die Zeit, unbarmherzig,
wäscht unsere Schwüre fort.
Wie oft noch werden wir aufstehen,

um neue Burgen zu errichten?

Die Sehnsucht, ein hungriges Tier,
    nährt sich von Hoffnung und Schmerz.
Wir füttern sie mit Versprechungen,
    die wir nicht halten können.

Und doch, wenn der Morgen dämmert,
    sammeln wir die Scherben ein,
    kleben sie zusammen mit Tränen und Träumen,
    bereit, erneut zu scheitern.

Denn was bleibt uns anders übrig,
    als immer wieder zu beginnen?
    Die Liebe, ewig und flüchtig zugleich,
    lacht über unsere Beständigkeit.

So tanzen wir weiter,
    im Kreis der Jahreszeiten,
    Hoffnung und Enttäuschung
    im ewigen Wechselspiel.

Nähe und Abstand

Deine Nähe ist wie ein Feuer
  das wärmt und verzehrt

Dein Abstand
  ist, wie frische Luft die atmen lässt und kühlt

Zu nah
  und wir verbrennen
  Zu fern und wir erfrieren

Die Kunst ist
  den Raum dazwischen auszuloten

Dort wo Wärme und Kühle
  sich die Waage halten
  Dort
  wo wir uns spüren
  ohne zu verschmelzen

In diesem Zwischenraum
  wächst die Liebe
  die uns verbindet
  und frei lässt

Zerbrechlich, der Tag

Zerbrechlich, der erste Lichtstrahl
 Durchbricht die Dunkelheit - Flüchtig wie ein
Atemzug

Staubkörner tanzen,
 Zeugen vergangener Träume
 In der Schwebe zwischen Sein und Nichtsein

Die Uhr tickt lautlos
 Zeit, formlos wie Nebel
 Verdichtet sich zu Möglichkeiten

Papier, unbeschrieben
 Wartet auf Worte, die
 Das Unaussprechliche formen

Zwischen den Zeilen
 Flüstert die Stille
 Von ungeborenen Gedanken

Der Tag, noch unberührt
 Verspricht alles und nichts
 In seiner grenzenlosen Leere

Zwielicht

Im Zwielicht der Vernunft
  Keimt ein zarter Spross
  Wurzelnd in Abgründen

Zwischen Trümmern der Zeit
  Flüstert ein Name
  Unaussprechlich, doch vertraut

Die Uhr, rückwärts laufend
  Entblößt Möglichkeiten
  In den Rissen der Gegenwart

Aus Asche und Staub
  Formt sich ein Wort
  Unvollendet, doch kraftvoll

Im Spiegel der Angst
  Schimmert ein Licht
  Fern und nah zugleich

Die Hand, ausgestreckt
  Greift nach Schatten
  Die sich in Morgen verwandeln

Wer ist der Herrscher im Reich der Träume

Zersplitterte Spiegel, Fragmente des Ichs
   In Korridoren der Zeit verloren
   Jeder Schritt ein Echo, das verhallt
   Im Labyrinth der Erinnerung

Wortlose Schreie, verhallend im Nichts
   Die Uhr tickt rückwärts, vorwärts, steht still
   In den Rissen der Wirklichkeit
   Blüht die Vergänglichkeit

Wer bin ich, wenn nicht das Phantom
   Das durch die Schatten streift?
   Ein Flüstern im Wind, ein verblassendes Bild
   Im Spiegel der Ewigkeit

Die Welt - ein Buch mit leeren Seiten
   Jede Zeile ein Rätsel, ungelöst
   In der Stille zwischen den Worten
   Lauert die Wahrheit, unerhört

Wer ist der Herrscher im Reich der Träume?
   Vielleicht das Kind, das wir einst waren

Oder der Greis, der wir sein werden
Im ewigen Kreislauf des Seins

Nachtreise

Abendrot verglüht
   Schatten wachsen
   Wolken ziehen auf

Die Nacht kommt
   leise und dunkel
   Träume erwachen

Durch Finsternis reisen
   Sterne leuchten den Weg
   Mond ist stiller Begleiter
   Gedanken wandern frei
   ohne Grenzen der Tage
   Zeit steht still

Morgengrauen dämmert
   Nebel lichtet sich
   Vögel begrüßen den Tag

Die Nacht geht
    Neues beginnt
    Hoffnung erwacht

Liebesalles

Liebe ist nicht Brot
    aber sie nährt die Seele

Liebe ist nicht Wasser
    aber sie löscht den Durst des Herzens

Liebe ist nicht Luft
    aber sie lässt uns atmen

Liebe ist nicht Licht
    aber sie erhellt die Dunkelheit

Liebe ist nicht Zeit
    aber sie gibt dem Leben Dauer

Liebe ist nicht Wahrheit
    aber sie macht ehrlich

Liebe ist nicht Freiheit
    aber sie befreit

Liebe ist nicht Heilung
    aber sie lindert den Schmerz

Liebe ist nicht alles
    aber ohne sie
    ist alles
    nichts

Liebe ist
    der Unterschied
    zwischen Leben
    und Existieren

Unperfekt

Perfekt ist der Regen nicht
    Er macht nass

Perfekt ist die Sonne nicht
    Sie blendet

Perfekt ist die Rose nicht
　Sie hat Dornen

Perfekt ist die Nacht nicht
　Sie ist dunkel

Perfekt ist der Tag nicht
　Er geht vorbei

Perfekt ist die Liebe nicht
　Sie schmerzt auch

Perfekt ist das Leben nicht
　Es endet

Perfekt ist der Mensch nicht
　Er irrt

Perfekt ist das Scheitern nicht
　Es lehrt

Perfekt ist die Unvollkommenheit nicht
　Sie macht uns menschlich

Perfekt ist die Perfektion nicht
　Sie ist unerreichbar

Perfekt ist das Unperfekte
　Es ist echt

Innenaußen

Dein Lächeln außen
  Deine Traurigkeit innen

Deine Ruhe außen
  Dein Sturm innen

Deine Ordnung außen
  Dein Chaos innen

Dein Schweigen außen
  Dein Schreien innen

Deine Stärke außen
  Deine Zerbrechlichkeit innen

Dein Ja außen
  Dein Nein innen

Deine Maske außen
  Dein wahres Gesicht innen

Deine Mauern außen
  Deine Sehnsucht innen

Dein Erfolg außen
   Deine Zweifel innen

Doch manchmal
   Dreht sich alles um

Und plötzlich ist
   Außen wie innen
   Innen wie außen

Und du bist
   Ganz
   Du selbst

Lebenskunst

Lebenskunst ist
   lachen wenn man weinen möchte
   und weinen wenn man lachen sollte

Lebenskunst ist
   fallen und wieder aufstehen
   aufstehen und wieder fallen

Lebenskunst ist
  die Stille in der Lautstärke finden
  und den Lärm in der Stille hören

Lebenskunst ist
  im Dunkeln das Licht sehen
  und im Licht die Schatten schätzen

Lebenskunst ist
  das Große im Kleinen entdecken
  und das Kleine im Großen bewundern

Lebenskunst ist
  die Zeit vergessen
  und den Moment erinnern

Lebenskunst ist
  loslassen und festhalten
  festhalten und loslassen

Lebenskunst ist
  mit geschlossenen Augen sehen
  und mit offenen Augen träumen

Lebenskunst ist
  das Leben umarmen
  mit all seinen Widersprüchen

Lebenskunst ist
  leben

trotz allem und wegen allem

Trotzdem

Die Welt ist dunkel
   trotzdem suche ich das Licht

Der Weg ist steinig
   trotzdem gehe ich weiter

Die Last ist schwer
   trotzdem trage ich sie

Das Herz ist müde
   trotzdem schlägt es

Die Hoffnung schwindet
   trotzdem glaube ich

Der Schmerz zerreißt
   trotzdem lebe ich

Wunden klaffen
   trotzdem heile ich

Träume zerplatzen
   trotzdem träume ich neu

Trotzdem ist kein Trotzkopf
   Trotzdem ist Lebenskunst

Trotzdem flüstert leise:
   Gib nicht auf
   Es geht weiter
   Immer

Rosenherz

Du bist schön
   Nicht wie ein Bild an der Wand
   Sondern wie der Morgen
   Der die Nacht vertreibt

Eine Rose
   Zart und stark zugleich
   Duftet in meinen Gedanken
   Auch wenn der Winter kommt

Mein Herz

Kein Organ aus Fleisch
Sondern ein Garten
In dem du ewig blühst

Ich liebe dich
Nicht wie man Dinge liebt
Die man besitzen kann
Sondern wie man die Freiheit liebt

Für immer
Ist keine Zeit
Sondern ein Zustand
In dem die Liebe atmet

So bist du
In mir verwurzelt
Blühend und duftend
Eine Rose die nie verwelkt

Feuersehnsucht

Ich will dich
wie die Nacht den Tag will
wie der Durst das Wasser
wie die Lunge den Atem

Ich begehre dich
    wie die Flamme den Wind begehrt
    wie die Wurzel die Erde
    wie das Herz seinen nächsten Schlag

Gib dich mir
    nicht wie ein Geschenk
    sondern wie die Sonne sich gibt
    bedingungslos und verzehrend

Lass uns brennen
    nicht wie Kerzen sanft flackern
    sondern wie Sterne explodieren
    in einem Augenblick der Ewigkeit

Doch im Feuer unserer Lust
    wird die Asche zur Quelle
    aus der wir neu entstehen
    reiner und stärker als zuvor

Am Anfang war das Wort

Am Ende die Stille
    Dazwischen Rauschen und Schreie

Worte erschaffen
  Worte zerstören
  Schweigen baut auf
  Reden reißt ein

Buchstaben tanzen
  Sätze marschieren
  Gedanken fliegen
  Bedeutung kriecht

Ein Wort genügt
  Für Liebe und Hass
  Für Krieg und Frieden
  Für alles und nichts

Das erste Wort
  Öffnet Welten
  Das letzte Wort
  Schließt Türen

Doch das wahre Wort
  Ist ungesprochen
  Es wohnt im Herzen
  Und spricht ohne Laute